地方高校跨文化交际理论
与实践探究

崔宁宁　张　伟◎著

吉林出版集团股份有限公司

全国百佳图书出版单位

图书在版编目（CIP）数据

　地方高校跨文化交际理论与实践探究 / 崔宁宁 , 张
伟著 . -- 长春 : 吉林出版集团股份有限公司 , 2024.4
　ISBN 978-7-5731-5130-8

　Ⅰ . ①地… Ⅱ . ①崔… ②张… Ⅲ . ①地方高校－文
化交流－研究 Ⅳ . ① G115

　中国国家版本馆 CIP 数据核字 (2024) 第 111072 号

地方高校跨文化交际理论与实践探究
DIFANG GAOXIAO KUA WENHUA JIAOJI LILUN YU SHIJIAN TANJIU

著　　者　崔宁宁　张　伟
责任编辑　宋巧玲
封面设计　沈　莹
开　　本　710mm×1000mm　　　1/16
字　　数　200 千
印　　张　11
版　　次　2024 年 8 月第 1 版
印　　次　2024 年 8 月第 1 次印刷
印　　刷　天津和萱印刷有限公司

出　　版　吉林出版集团股份有限公司
发　　行　吉林出版集团股份有限公司
地　　址　吉林省长春市福祉大路 5788 号
邮　　编　130000
电　　话　0431-81629968
邮　　箱　11915286@qq.com
书　　号　ISBN 978-7-5731-5130-8
定　　价　66.00 元

前 言

自 20 世纪 80 年代以后，我国与世界各国的沟通与交流已经涵盖政治、经济、文化、教育等各个领域。在与世界各国进行交流合作或贸易往来时，就需要了解对象国的政治、经济、语言、文化等各方面的情况。特别是"一带一路"倡议提出后，中国与其他国家的交流合作得到了进一步的扩大。由于各国文化以及人们的思维方式、价值观等都有着很大差异，如果仅从本国文化去考虑对象国情况、判定对象国人民想法的话，就容易产生各种问题，只有在充分理解对象国文化的基础上进行交流，才能避免产生各种误会。因此，我国要想更好地在"一带一路"背景下，与各国建立良好的合作发展关系，就需要更多具备良好跨文化交际能力的复合型专业人才。

随着我国改革开放的不断深化，对外交流活动日益增多，在我国境内进行经营活动的跨国公司也在不断增加，无论是国家层面的外交活动，还是商务领域的商务谈判以及跨国公司的经营管理等，都涉及不同文化背景下的交流与沟通，人们越来越认识到在理解对方文化背景下的交际是非常重要的，近年来教育界对大学生跨文化交际能力的培养也日益重视。我国的地方高校作为高校的重要组成部分，也要加强对学生的跨文化交际素养的培养。

本书内容分为五章，第一章为跨文化交际概述，主要对文化与语言、交际与跨文化交际、跨文化非语言交际进行了介绍；第二章为跨文化交际理论基础，介绍了跨文化交际的相关理论、跨文化交际的本质以及文化休克现象与预防；第三章主要介绍了跨文化交际的影响因素，包括影响跨文化交际的环境因素、影响跨文化交际的心理因素以及影响跨文化交际的语言文化因素；第四章阐述了跨文化交际视角下的地方高校校园文化建设，主要内容为基于跨文化交际的校园文化建设理论、地方高校校园文化建设活动设计以及地方高校校园文化建设的启示；第五章为地方高校跨文化交际能力培养探究，主要内容包括跨文化交际能力概述、跨文化交际能力培养的目的、内容与原则以及跨文化交际能力培养的模式与策略。

在撰写本书的过程中,作者参考了大量的学术文献,得到了许多专家、学者的帮助,在此表示真诚感谢。由于作者水平有限,书中难免有疏漏之处,希望广大同行及读者批评指正。

崔宁宁　张　伟

2023 年 11 月

目 录

第一章　跨文化交际概述

　　交际是人类重要的生存方式之一，交际的过程就是人们交流意见、情感、信息的过程。跨文化交际是指在不同的文化背景下进行的人与人之间的交流活动，是一种独特的交流方式。本章对跨文化交际的基本内容进行介绍，为后续的研究奠定基础。

第一节　文化与语言

人类文化的交流和传承需要依赖语言来实现，同时文化还在潜移默化中影响着语言。语言为了适应文化的发展，需要不断丰富自身的内容。由此可见，文化与语言之间的关系十分紧密。为了让每一个跨文化交际的参与者和外语学习者都能轻松自如地使用外语成功地完成文化交际活动，下面详细地介绍文化与语言的基本内容以及二者之间的关系。

一、文化

（一）文化的概念

在研究文化这一重要课题时，人们可能会有自己独到的见解和认知。部分人士倾向于将文化与宗教信仰相互联系，而另一些人则更加关注肤色、人种、服饰、仪态、风俗习惯以及价值观等方面的因素。也正因如此，学界至今未对文化的概念形成统一的意见。

在《文化概念与定义评述》一书中，克拉克洪（Kluckhohn）与克罗伯（Kroeber）精心整理了超过160种关于文化的定义，这些定义中的部分内容至今仍被学界广泛引用。为了帮助读者更好地理解文化的内涵，下文将列举几种备受关注的文化概念：

第一，文化是一个广泛的概念，其内涵丰富多样。根据某些学者的观点，文化是指人类在社会历史发展过程中所创造的物质财富和精神财富的总和，包括知识、信仰、艺术、法律、道德、习俗以及个人作为社会成员所获得的能力与习惯。

第二，文化也可以被视为一种生活方式，反映了人们在特定社会背景下的行为、思想和价值观。这种定义强调了文化在塑造个体和群体行为方面的重要作用。

第三，还有一些学者将文化定义为一种共享的符号系统，它帮助人们理解世界、解释行为并建立社会秩序。这种定义突出了文化在传递社会规范、价值观和传统方面的作用。

第四，文化是心灵的软件。

第五，文化即交际，交际即文化。

第一个文化概念被认为是内容最全面、问世最早的定义，至今仍为世人广泛引用。第二个文化概念则源自人类学领域。第三个文化概念将文化理解为一种符号系统，这种符号系统承载着人类的精神文明和历史积淀。第四个文化概念将文化视为心灵软件，其塑造和影响着个体的内在品质和人格特征，对人类的精神世界产生了深远的影响。第五个文化概念阐述了交际与文化之间的互补、互动关系，二者共同构成了人类社会的文化交流与传承。

文化的概念十分宽泛，本书聚焦与跨文化交际密切相关的一系列观念。我国学者祖晓梅在《跨文化交际》一书中，引用了布里斯林（Brislin）的文化理论。该理论主张文化具有传承性质，是共享同一社会、同一种语言的人们所共有的一系列价值与观念。布里斯林的文化理论进一步强调，文化具有传承和引导功能，潜移默化地塑造行为，使得处于同一文化背景下的人们在价值观和心理特质上具有相似性。这一理论不仅揭示了文化的特质和功能，同时凸显了其与跨文化交际之间的关联。

（二）文化的分类

1. 物质文化

物质文化是体现特定文化背景下饮食、服饰与艺术的一种客观实物形态，涵盖了各种具有物质表现形式的文化元素。作者认为，地理环境是物质文化形成最基础的因素。地理环境在某种程度上限制了各种文化的形成。因此，当我们想要了解一种文化时，首先要了解该文化所处的地理环境。

艺术具有独特的审美价值，是人们在社会意识形态方面产生的精神活动及其产品，其表现和发展受到自然地理的影响，尤其是艺术品的材料和制造过程。

饮食与服饰作为物质文化的关键元素，在大众日常生活中发挥着举足轻重的作用。饮食不仅是展示个人饮食偏好与烹饪技巧的平台，更重要的是，它承担着为人类提供生存所需营养的重大责任。同样，服饰不仅关乎个人形象的塑造，更重要的是，它具有保护和遮蔽身体的实用功能。从物质文化的角度来看，饮食在处理规范和原料生产方面，需严格遵循思想文化和规制文化的指导原则，同时充分考虑物料来源及可用性。服饰的款式设计及材料质地，既体现了规制文化对社会地位及性别的规范要求，又彰显了个性化的审美诉求。

2. 制度文化

制度文化作为社会规范的重要组成部分，对个体在社交场合的行为提出了正当与不正当的明确要求。它是全体社会成员共同认可并遵守的隐性规则和知识体系，体现了历史传承下的文化特质。提及制度文化，人们通常会将其与礼仪相联系。礼仪是进行社交时应遵守的规范，涉及人的仪容、仪表、仪态和言谈举止等内容，如怎样问候和对待客人、给予和接受礼物等。除此之外，礼仪文化也对正式场所和非正式场所的着装和饮食进行了规范。

制度文化与历史有着千丝万缕的联系，每种文化都是在历史中逐渐形成的。制度文化包括民俗，民俗反映了在特定文化背景下人们的日常生活方式和行为规范。民俗文化是一个复杂的综合体，由众多要素构成，这些要素在各自的领域中发挥着独特的功能。第一，民俗文化具备持久传承的特性，即传承性。这一特性使得民俗文化能够历经无数世代的传承延续。第二，一定的规则和约定使民俗文化得以延续，因此民俗文化具有规范性和模式性。第三，民俗文化对人们的信仰和价值观提供服务与引导作用，因此其具有服务性。第四，民俗文化具有变异性和弹性，历史事件能够对其形式产生影响。第五，地域性因素决定了民俗文化在不同地理环境中的表现和发展，因此其具有地域性。显而易见，民俗文化在社会中扮演着重要的角色，其对特定区域内民众的生活方式产生深远影响，通过规范一种文化，调节偏离主流和过于极端的行为，以及维系"人心同一"，为社会的和谐稳定做出积极的贡献。

社会和宗教也属于制度文化，其中社会通过强制性规则组织人们。社会和宗教皆源自家庭，家庭是文化传承的源头，承载着制度文化的精髓。家庭作为制度文化深处的核心制度，对社会和宗教的形成与发展有着根本性的影响。家庭是文化传承的最基本单位，承载着身份、价值观和社交技能传递的责任。家庭中的文化元素繁复多样，却共同塑造着个体的成长和发展。在家庭中，人们获得非正式的教育，学习社会交际技能，并且熟悉当地的礼仪和民俗。家庭的文化因素影响着个体的年龄分组模式、集体主义与个人主义观念，以及性别角色认知。无论家庭规模如何，它们共同构成整个文化体系的基础。家庭不仅传承着过去的文化，也在当下和未来对个体产生深远影响。

3. 思想文化

深入探究思想文化的内涵，有助于突破既有的思维框架、洞察异域文化的思维模式，从而实现跨文化沟通的高效运作。思想文化作为人类行为的指引，使人们遵循某种特定的思维方式来约束自我，构成了心理层面的隐性框架，其无形而深远。思想文化犹如一张错综复杂的网络，影响着某种文化背景下人们的现实感知、行为及方式，涵盖了信仰、价值观以及世界观等诸多方面。

思想文化的模式涵盖了众多学者的理论成果，这些理论对于整理和归纳各民族的文化准则具有重要意义。霍尔（Hall）的低情境文化与高情境文化理论，深入探讨了在同一文化背景下非语言交流的协调程度。在低情境文化中，信息的传达依赖于语言的明确性；在高情境文化中，非语言因素被强调，信息直接内含于文化背景与环境中，无须明确表述。克拉克洪的价值取向理论以人类本性对善恶的认知为基础，探讨了时间、价值、关系、文化活动及人与自然合作等方面的取向。该理论涵盖了人们对过去、现在和未来时间的态度、价值观、文化导向（权威、集体主义或个人主义）以及文化活动的心态等方面。霍夫斯泰德（Hofstede）的文化维度理论对长期或短期取向、不确定性规避、阳刚或阴柔、权力距离、个人主义或集体主义五种核心文化价值观进行了深入研究，并通过对各国排名的阐述，揭示了全球文化多样性的特点。此外，丁允珠的面子—协商理论深度剖析了在不同文化背景下，社会规范对面子观念产生的各种影响。从集体主义文化的从属属性到个人主义的个性彰显，面子的内涵涵盖了多重维度。

（三）文化的特征

1. 习得性

人类是通过学习而非先天遗传的本能来获得文化知识和经验。每个个体都需要通过学习来获取并传承文化，因为只有人类个体具备学习和创造文化的能力。从出生开始，个体就受到文化的影响，学习文化的方式主要有两种：

第一种是学习自己群体或民族的文化，即文化继承。例如，几千年来，中华民族深受传统儒家文化影响，形成独特的民族风格与个性。代代相传的社会化学习，传承着中庸、谦恭、忍让、仁义的民族文化心态。这种文化继承不仅是历史的传承，更是对民族认同与价值观的传承，激励着个体融入文化群体，并维系着民族的传统与特色。

第一种是学习外来文化，即文化移入，这是民族或群体文化演变中的重要一环。民族文化在不断发展的过程中，吸收、融合其他民族或群体文化成为必然。

社会交往中，人们会主动或被动地吸纳其他文化，文化交融的现象无处不在。这种文化交流与融合，丰富了文化内涵，促进了文化的多元发展。

2. 民族性和区域性

文化的生成并非无迹可寻，其诞生过程受到社会物质、自然环境等多种因素的影响。文化内容有着显著的民族特色，这些特色在民族形成之后得以显现。

在广袤无垠的大地上，各民族共同繁衍生息，每个民族都拥有独特且完整的文化形态。这种文化形态涵盖了婚姻制度、风俗习惯、价值观等诸多方面，并铸就了丰富多彩的文化瑰宝。当一个民族的文化被称为"元"时，世界文化便由各个"元"组成，构成了多元文化的世界。每个"元"代表一个民族独特的文化形态和传统，而世界文化则是由这些不同的"元"相互交织而成的丰富多彩的文化网络。各民族间的文化交流与融合，不仅推动了多元文化的蓬勃发展，更为人类文明的繁荣注入了强大动力。

3. 共通性

文化并非个体独有，而是群体与社团共有的。在这一背景下，文化呈现出鲜明的共通性。当从人类实践活动的视角来审视文化，可以发现其中所蕴含的共性。通过对各类具有鲜明特色的民族文化进行对比分析，可以提炼出普遍存在于人类社会中的文化现象。虽然生活在不同地域的群体和民族具有各自独特的文化特质，但仍存在相似之处。例如，所有民族都拥有各自的风俗习惯、法律规范、宗教信仰、价值追求等，并且都需要从事生产活动。

文化共通性在体育运动和艺术领域表现尤为突出，特别是在音乐和舞蹈等艺术形式方面。音乐、舞蹈等艺术形式作为跨越民族界限的文化载体，具备克服语言障碍的独特魅力，它们已经成为凝聚各民族情感、互通有无的精神财富。体育运动日益呈现国际化的趋势，世界性不断增强。现代奥林匹克运动作为体育运动的杰出代表，充分展现了这一特点。各民族在此背景下，愿意共同接受并遵循统一的竞赛规则，进一步推动了体育运动的国际化进程。通过生活用品、饮食、服饰等方面的交流，不同民族之间能够更深入地了解彼此的生活习俗和文化特点，促进了跨文化间的对话与融合，使得跨文化交际成为可能。

4. 稳定性与变化性

文化是社会历史发展中积累而成的，是世代相传的文化传统，是一种珍贵的遗产。文化形态自形成之日起，便具备了相对的稳定性，不易受外界影响而发生

CONTENT

改变。同时，文化形态的形成和发展受到社会经济结构的深刻影响，是社会经济结构发展演变的产物。

文化作为一种社会现象，其发展是随着时代变迁而不断变化的。为了适应社会的进步与发展，文化必须不断地进行自我调整和变革。文化的成长与演变，是一个自我肯定与自我否定的过程。通过这种方式，文化得以不断进步和发展。经济和政治因素在文化的发展和变化中起着决定性的作用。导致文化变迁的因素多种多样，包括突发的灾害、资源的短缺、人口的变动以及技术的创新等。这些因素相互作用，共同推动着文化的演变。中华文化五千年发展历程，就是一部波澜壮阔的文化变迁史。在当今时代，文化移入成为推动文化变迁的重要因素之一。在此背景下，各种文化形态也在发生着不同程度的变化。其中，观念文化的变化最为缓慢，习俗文化则相对稳定，而物质文化的变化速度最快，制度文化次之。这些变化反映了不同文化形态的特性和演变规律。

二、语言

语言作为同类生物间沟通的产物，具备统一编码和解码标准的声音或图像信号。作为人类特有的交际工具，语言符号系统将音义完美结合，形成了一套完整的符号系统。符号系统中发音与意义的结合不是必然的，而是建立在任意性的基础上。在语言中，特定的声音与特定的意义之间的关联是一种约定俗成的任意关系。这种任意性意味着特定的声音可以被赋予特定的意义，前提是社会群体达成共识并遵循规则。语言的符号系统正是建立在这种任意性基础上，为人类交流和思维提供了丰富而灵活的表达方式。

语言系统具有层级性，自下而上由音位、语素、词或短语、句子等层次组成，各层次之间遵循一定的组合规则。这种层级性使语言能够灵活应对外界交际环境的变化，通过不断调整自身结构来适应不同需求，展现了语言的无限可能性。相对而言，动物所使用的"语言"在表达功能和复杂性方面，无法与人类语言相提并论。尽管动物能够在其群体中传递某些信息或表达情感，但与人类语言相比，动物的语言显得较为简单，缺乏人类语言所具备的丰富性和深度，仅是一种基于刺激的反应行为。在漫长的进化历程中，人类独具语言能力，得益于大脑中负责语言功能的专门神经区域。这些区域通常位于左脑半球，但部分人可能位于右脑半球。这与动物的局限形成鲜明对比，动物缺乏学习语言的生理基础，所以无法掌握人类语言。同时，人类习得语言的能力与后天的语言环境密不可分。在关键的语言习得阶段，如果个体长期处于与外部环境隔绝的状态，将无法掌握语言技能。许多事例都印证了这一点，其中"狼孩儿"案例尤为著名。案例表明，语言习得需要适当的环境刺激和交流，缺少这些将严重影响语言能力的发展。因此，人们不仅需要理解大脑神经基础对语言的作用，还需要认识到人类在社会互动中习得语言的重要性。在人类社会中，语言的多样性源于社会地位、职业、受教育程度、地域等多重因素的差异。这些多样性表现在语言的各种变体中，包括语言、风格、社会和地域变体。基于词汇、语法和语音等方面的特征和语言起源，世界上的语言分为不同的语系，每个语系下又包含着丰富多样的语种，并与众多文化密切相关。

语言在文化传承、经济发展、科技创新、社会交流以及政治生活中均扮演着重要的角色，它是人们情感传递和思想交流的重要媒介。语言是不断发展的，语言现今的空间分布也是过去发展的必然结果。

三、文化与语言的关系

文化是多种多样的，语言是极为丰富的。由于不同的文化和语言本身具有较大的差异，文化背景不同的人之间进行沟通交流有一定的难度。一般来说，人们在跨文化交际中都会遇到一些困难。就像美国语言学教授萨丕尔（Sapir）所说的，语言不能脱离文化而存在。由此可见，语言作为文化的一部分，对于文化的发展具有至关重要的作用。许多社会学家都指出，没有语言就没有文化，语言是文化发展的基础。与此同时，从另一个角度来看，语言也受到文化的影响。可以说，一个民族最显著的特征就是该民族所具备的语言，它不仅包括民族的历史文化背景，还包括民族对于生活的看法以及独特的思维方式等。因此，要想学习语言就必须了解文化，要想了解文化就必须掌握语言。

（一）语言创造文化

在时代发展的推动下，各民族的语言日趋丰富多彩，不断创造出新的民族文化。语言不仅是文化传承的载体，更在传承的过程中孕育出新的文化。以汉语为例，在华夏五千年的悠久历史中，中华儿女通过汉语创作了众多语言艺术珍品，如唐诗、宋词、元曲以及明清小说等。这些艺术作品成为中国文化不可或缺的一部分，并极大地丰富了汉语的文化内涵。

（二）语言承载文化

在全球范围内，每一种语言都承载着独特的民族文化。例如，德语承载着日耳曼民族的文化底蕴，而汉语则承载着华夏民族的文化精髓。这些语言不仅是沟通的工具，更是民族历史、传统和价值观的重要载体。

再如，汉字作为中华民族深厚文化内涵的载体，同时充当汉语的文字书写符号。以汉字中的偏旁部首为例，通过挖掘其蕴含的文化信息，人们能够深化对相关词汇的认知。在理解汉字演进的连贯性及相应文化背景的基础上，人们能够领悟到偏旁部首所承载的汉字文化。具体来说，在汉字体系中，由"月"字旁组合而成的汉字，大多与人体有关，如"腿""脑"等。

（三）语言组成文化

文化是由精神文化和物质文化两个部分构成的。语言作为表达人类思维的重要工具，是文化的重要组成部分，为人类文明生活增添了丰富的色彩。在人类进化的过程中，语言是一种独特的精神文化表现形式。

（四）语言和文化都会随着人类社会的发展而发展

通过语言，人们可以窥见社会文化的发展与进步。这主要是因为语言作为人类社会文化的产物，始终与其发展步伐保持一致。语言伴随人类社会文化的产生而诞生，并在其发展过程中不断演变与完善。

因此，一方面，语言作为文化的载体，在文化的记载、储存和流传中发挥着不可或缺的作用，文化的传播必须依赖语言这一重要工具；另一方面，语言作为文化的重要组成部分，脱离了文化背景，语言便失去了其内在的意义和价值，仅是一个空洞的形式。从语言与文化之间的紧密联系不难发现，如果想要文化进步，那么需要有丰富的语言作为支撑。因此，语言被人们视为体现民族特性的重要载体。

第二节 交际与跨文化交际

一、交际

（一）交际概述

"交际"一词来源于拉丁语，意为"共享"或"共有"。也就是说，交际的前提是"共享"或"共有"，这也是交际活动的最终目的。通过交际活动，人们可以共同分享各种知识技能。在交际活动中，具备相同文化背景的人能够很容易地进行良好的交流，而具备不同文化背景的人在交流中会遇到困难。

"交际"一词与"文化"一样，都是学术领域的专业术语。对于交际的定义，不同的学者有不同的观点。关世杰将交际定义为"信息发送者与接收者之间进行信息共享的过程"[①]。贾玉新认为"交际是传递符号的过程，是一个多变的动态编码过程"[②]。贾玉新在《跨文化交际学》一书中指出，限制交际的主导因素是无意识的行动，而非主观意识，是人们运用符号创造共享意义的过程。虽然不同的学者对于交际的定义有不同的观点，但是所有的观点都有一个共同点，即认为交际是利用符号传递信息并进行意义表达的过程。

随着交际学在美国的发展壮大，"交际"一词的概念及其相关学科被迅速传播到世界各地。本书所说的交际，主要是指英语中的"communication"，旨在通过不同语言、不同文化层面的比较，使人们发掘和分享更多的"共享""共有"元素，增进彼此之间的理解，以消除交流中的障碍。

（二）交际的特征

通过交际的定义可知，交际的过程由信息传递者、信息接收者以及传播媒介等诸多因素组成。

1. 交际是运用符号的过程

特定的符号能表达一定的含义，这是因为在一个特定的群体中，成员已经对

[①] 关世杰.跨文化交流学[M].北京：北京大学出版社，1995：39.
[②] 贾玉新.跨文化交际学[M].上海：上海外语教育出版社，1997：76.

符号的定义达成了共识。符号既可以是一个动作、一个眼神，也可以是一句话，可以说，符号是表达意义的有效单位。拥有同一文化背景的两个人，非常容易进行交流并表达自身的观点，因为他们对于同一符号所表达的意义有着极为相近或相似的理解。与此不同，具有不同文化背景的人在交流过程中易遇到障碍，原因在于其对相同符号的解释可能存在差异。

2. 交际是传送和解释信息的过程

交际过程涉及信息的传递者、信息的接收者以及信息等因素。其中，信息是指由一系列特定符号形成且能够表达一定意义的符号群。它可以是语言，也可以是文字。信息的传递，是指将自身的思想、情感等内在元素，通过一定的形式，准确、清晰地传达给接收者的过程。这一过程需要充分考虑接收者的理解能力和背景，确保信息能够被正确地解读和接受。如果交流双方对信息有不同的理解，就会影响交际活动，对交际活动造成较大的障碍，甚至导致交际活动无法继续进行。另外，信息传递者与信息接收者对于信息的传递和解读并非完全静态，而是在时刻变化，并且无法逆转。也就是说，在交际过程中，一旦信息被对方成功接收，就不可能重来。即便是在修改后再度进行信息传递，对于接收者而言，也是新的消息。

3. 交际是获取共享意义的过程

信息的含义会受到社会中诸多因素的影响，包括交际双方的文化背景、社会地位以及活动发生的地点等。要想使交际活动顺利进行，信息传递者在进行信息传递时，就必须为自己想要表达的意义赋予特定的"符号串"，同时还要考虑到信息接收者所处的环境以及接收信息的方式等。接收者通过接收"符号串"来获取信息，即使接收者接收的信息与信息传递者所要传递的意义有所区别，但还是可以将其看作信息传递者与接收者所共享的意义。

（三）交际的模式

交际模式可以分为四种，分别是人际交流、组织交流、全体交流以及大众传播。下面主要介绍人际交流。

1948 年，美国政治学家拉斯韦尔（Lasswell）提出了信息交流的"5W"（谁 Who、说了什么 Says What、通过什么渠道 In Which Channel、向谁说 To Whom、有什么效果 With What Effect）模式。迄今为止，"5W"模式仍是人们进行交流活动的最为便捷的方法。但是，"5W"模式更多地关注交流的效果，没有考虑到信息传递者与信息接收者之间的交流反馈。1949年，香农（Shannon）提出了传播的"数学模式"，但是这一模式也没有摆脱缺乏反馈的特点。1966年，德弗勒（Defleur）在香农"数学模式"的基础上进一步研究，表明了信源是如何获得反馈的。然而，德弗勒提出的模式更适用于大众传播。1954年，施拉姆（Schramm）在奥斯古德（Osgood）提出的理论的基础上，进一步完善了自己的"环形交际模式"。在这一模式中，交际的参与者不仅是信息的传递者，而且是信息的接收者。这是因为在交际不断循环的过程中，交际参与者不断变换着自身的角色。总体而言，"环形交际模式"更加注重交际的整体流程，"环形交际模式"对于深化人们对跨文化交际活动的理解具有重要的指导意义。这一模式具有高度的概括性，能够全面地解析人际交流的各种模式，为人们更好地分析跨文化交际活动提供了有力的理论支撑。

（四）交际和文化

交际行为是在文化的基础上不断演变而成的，它承载着文化传播的重要意义以及传承文化的重要使命。交际活动会受到文化的影响，在不同的文化背景下会形成不同的交际行为。这一点体现在，在不同文化背景下，同一事物表达的意义不尽相同。例如，中国传统文化中，龙是一种瑞兽。在中国民间传说中，龙与帝王之间的关系十分紧密，龙象征着国泰民安，是祥瑞的代表。中国人将其视为百兽之长，是人们尊崇的"四灵"之一。因为龙能够腾云驾雾、施云布雨，是造福万物的神兽。在一些传统节日以及重要活动中，人们会组织赛龙舟、舞龙旗等大型活动，祈祷来年生活富足、风调雨顺。在中国古代，皇室的建筑也多以龙为标志，如北京天安门汉白玉华表柱上腾空而起的飞龙，故宫石阶上浮现的遨游巨龙以及北京北海公园和山西大同龙壁上神态各异的祥龙等。此外，中华儿女也都骄傲地称自己为"龙的传人"。由此可见，龙已经成为华夏民族重要的象征，是我国传统文化的重要象征。然而，在西方文化中，龙（dragon）是一种鳄鱼类的爬行生物，性格极其残暴，能够喷火吐烟。西方人认为它性情残暴，是邪恶的象征，故应将其消灭。在英语中，龙有"凶暴之徒""严厉的人"等诸多含义。

每个人都是在一定的文化环境中进行交流学习的，因此会在有意或无意中受到文化的影响。可以说，我们思考问题、进行对话以及讨论知识时无不受到文化的影响。人类的文化是通过交际活动发展的，交际活动本身又是一种重要的文化特征。由此可见，文化与交际二者相辅相成，相互依存。

二、跨文化交际

（一）跨文化交际的起源

郑和下西洋、迪亚士（Disa）到达好望角、哥伦布（Columbus）发现"新大陆"等活动都属于跨文化交际活动，这些活动也是跨文化交际活动的起源。

1492年8月，意大利航海家哥伦布离开西班牙的巴罗斯港。在经历了两个多月的航海旅行之后，他发现了美洲巴哈马群岛，也就是"新大陆"。在返航之前，哥伦布在这块土地上留下了30多位水手，并带回了当地的印第安人，这也是最早的人种变迁。之后，西班牙人陆续将美洲的特产带回欧洲，后将其传播到世界各地。这些跨文化交际活动不仅促进了世界资源的共享和交流，而且推动了世界文明的发展。

由此可见，世界上任何一个国家或民族的发展都不是仅依靠自身就能实现的，而是需要不断地进行跨文化交流。

世界范围内的交际一共经历了五个阶段，分别是语言的诞生、文字的运用、印刷术的诞生、交通工具的发展以及通信手段的发展。世界近几十年的交际活动是以跨文化交流为主的，这也是人类进行交流的最重要的环节。可以说，跨文化交际活动与语言的产生同样重要。

如今，交通工具发展迅速，通信技术发展迅猛，不同国家的人之间的交流十分便捷，越来越多的人开始注重跨文化交际活动。互联网通过计算机系统，在一个虚拟的空间中，将世界各地的人们联系在了一起。在人类的发展史上，如此大规模的人口活动和频繁的人际交流是闻所未闻的。由此可见，人类社会逐渐步入信息化时代，互联网已经延伸到世界的各个角落。信息化突破了地域的界限，打破了时间、空间上的限制，使不同国家、不同地区的人可以通过网络进行信息交流、拓展业务，这一切都说明跨文化交际已经成为当今时代最为明显的特征。

许多人认为跨文化交际只是一个学术术语，普通人基本上不会触及跨文化交际。但实际上，每个人都在不知不觉中参与着跨文化交际活动，是跨文化交际活动的重要参与者。例如，欣赏外国的电视节目、电影作品以及阅读外国的文学作品等都属于跨文化交际活动。体会来自不同国度、具有不同文化背景、使用不同语言的作者和演员在书里、戏里的人生，正确理解外国小说、电影和电视中的故事情节，是一个复杂的跨文化交际过程。

（二）跨文化交际研究

随着通信工具、交通工具的快速发展以及全球化进程的加快，跨文化交际活动变得越来越简洁且不受时间的束缚。在这种背景下，跨文化交际已经成为一门非常重要的学科。为了更好地进行跨文化交际，通常需要更多特殊的跨文化交际方式，以努力协调和融合跨文化交际中的具体活动。为此，相关领域的学者对跨文化交际进行了深入的研究。

1. 跨文化交际研究的发展

跨文化交际的研究是一个逐渐演变的过程，随着研究的深入和延伸，对跨文化交际的研究从最初对"交际能力""交际文化"的研究，逐渐演变为对揭示文化差异的研究。随着全球化的发展，跨文化交际研究的广度和深度也在不断延伸中，对于文化共性的研究逐渐增多，使得跨文化交际开始寻求多元文化的融合，发现交际双方各自的文化优势和互补机制。这种现象有利于跨文化交际研究的进一步深入。

萨莫瓦尔（Samovar）、波特（Porter）和麦克·丹尼尔（Mc Daniel）认为，"跨文化交际是文化认识和符号系统不同的人之间的交际，而这些不同的文化认识和符号系统足以改变交际事件"[①]。这一观点也表明跨文化交际中的文化差异容易在交际中引起误解甚至形成障碍。

国内对于跨文化交际的研究始于 20 世纪 80 年代初期，主要集中在外语教学和语言对比这两大领域。许国璋在《现代外语》上发表的文章，标志着跨文化交际学在中国学术界诞生。在《跨文化的交际：一门新兴学科的介绍》一文中，何道宽阐述了跨文化交际学科的相关研究成果，为推动跨文化交际学的发展做出了重要贡献。此后，我国取得了众多关于跨文化交际的研究成果，具有代表性的有贾玉新的《跨文化交际》以及邓炎昌和刘润清的《语言与文化》。随着我国学者对跨文化交际的深入研究，我国关于跨文化交际的研究成果也日益丰富。

跨文化交际始于外语学界，其研究成果也深入外语教学的语言层面以及非语

---

① 萨莫瓦尔，波特，麦克·丹尼尔.跨文化交流[M].董晓波，译.北京：北京大学出版社，2006：113.

言层面。综合国内的研究，跨文化交际的研究内容主要集中在三个方面：一是文化维度理论的研究。文化维度理论的研究提出从男性化与女性化、个人主义与集体主义、不确定性规避与不确定性容忍、权力距离四个维度区分不同的文化。二是言语行为文化特性方面的研究，因为跨文化交际的一个重要课题就是言语行为的文化特征。三是非语言交际方面的研究，即除了语言之外的交际，如肢体语言、服饰装扮、目光接触等方面。从上述研究内容中可以发现，跨文化交际主要以研究差异为主，从而避免因差异产生的障碍。

对外汉语教学界对于跨文化交际的研究随着教学的发展也取得了很大的进步和较多研究成果，主要集中在语言中的跨文化现象以及跨文化交际能力等方面。胡明扬、王建勤相继发表了关于跨文化交际与汉语教学的文章。周小兵在《对外汉语教学中的跨义化交际》中，提出跨文化交际是一种极为复杂的现象，强调了增强师生跨文化交际意识的重要性。此外，他还提出在教学中要正确对待中外文化的碰撞和交融。至此，跨文化交际研究的广度发生了变化，不再局限于差异研究。在《试论文化混融语境中的交际与汉语教学》一文当中，周健深入探讨了跨文化交际过程中母语文化与目的语文化的混融现象。他详尽分析了这一现象的产生根源，并提出了应对这一现象的合理策略。他特别强调，应当以正确的态度对待中外文化的碰撞与交融。在《跨文化交际与第二语言教学》一书中，毕继万深入探讨了跨文化交际研究的宗旨。他强调，这一研究的核心目标是增强参与者的文化意识，确保在跨文化交际过程中消除障碍，实现彼此理解和共生共处，积极应对和克服文化差异所带来的挑战。他明确指出，跨文化交际能力是一个综合性的概念，包括适应新文化的能力、非语言交际能力、转化交际规则的能力、语言规则的理解以及语言应用能力等多个方面。此外，他强调了第二语言教学的关键目标之一是培养学生的跨文化交际能力，以帮助他们在多元文化环境中实现更有效的沟通和互动。这一观点再次强调了文化意识和跨文化交际能力在现代社会交流与合作中的重要性和必要性。

上述专家的研究都反映出培养跨文化交际能力的重要性。事实上，要想具备较高的跨文化交际能力，不仅要培养处理文化差异的能力，如语言能力、沟通能力和适应能力等，还要培养自觉进行文化融合的能力，如多元文化接受能力和融合能力等。由于语言与文化密不可分，随着传播媒介的迅猛发展，世界各地区的联系会不断加强，不可避免地会出现文化冲突和文化融合的状况。与此同时，在文化全球化的浪潮下，文化差异的影响将逐渐减小，文化融合的现象将越来越明显。

2. 跨文化交际研究的目的

跨文化交际研究的主要目的有三点：

一是增强人们对于文化的理解和支持。文化具有一定的差异性，只有感知到与对方的差异，才能更加了解双方之间不可忽视的、重要的共同之处。同时，在感知的过程中，人们也能够加深对自身文化的理解，进而有效地掌握双方的文化特性。

二是深入研究并着力培养公民在跨文化交际方面的技能。随着我国对外开放政策的深入实施，跨文化交际活动的参与机会逐步增多，尤其是涉及出国留学或在国内与来自不同文化背景的人进行交流的情况。因此，人们对于学习并掌握与不同文化背景人士沟通交流技巧的需求日益凸显。在美国，各类专业机构先后涌现，专注于开展跨文化交际技能的研究和培训工作，不少大学也开设了相关课程。由此可见，跨文化交际研究在实践层面的重要性远超其理论价值。这主要是因为它直接影响着人们在异质文化环境中的日常沟通与互动能力，对于推动文化交流与理解具有至关重要的作用。

三是着重培养人们对于对方文化的适应能力，以促进相互理解与和谐共处。在初次接触其他文化时，人们会产生不适感，还可能遭受强烈的文化冲击。为促进跨文化交流的顺利进行，减少误解，提升个体适应能力至关重要。通过增强适应能力，人们能够更好地理解和应对不同文化间的差异，为建立良好的跨文化关系发挥关键作用。因此，提升适应能力、减轻文化冲击是跨文化研究的核心任务之一，也是确保跨文化交际成功的必由之路。

（三）跨文化交际的环境

1. 业务环境

在业务环境中，跨文化交际能力涉及许多外向的行为，如业务礼仪。业务礼仪不仅关乎人际行为的规范，还与个人行为举止紧密相连。人际行为的规范，涵盖了冲突解决策略、管理风格等多个方面，而这些无一不受当地文化的影响和制约。与此同时，个人行为如礼物的接收与赠予、仪表以及打招呼的方式等，也都在文化的指导下得以规范。

2. 国际外交环境

在国际外交大背景下，参与跨文化交际活动的各方理应对其他国家的文化和习俗有深入的了解，并严格约束自身行为，坚守道德底线。由于跨文化交际活动涉及不同国家，若不严格遵循相关文化规范，不仅会影响国际政策的制定与执行效果，更会对国家声誉产生不利影响。因此，在国际外交大背景下，各方应高度重视文化差异，尊重他国习俗，以促进跨文化交际活动的顺利进行。

3. 援助工作环境

在开展援助工作的过程中，参与跨文化交际活动必须充分尊重各国受援者的文化信仰。由于援助工作涉及广泛的文化背景知识，参与者在跨文化交际中应严格遵守道德规范，并具备高水平的跨文化交际技巧。特别是在医疗援助领域，由于不同文化对灾害和疾病的理解存在差异，因此治疗方法也各不相同。因此，在跨文化交际中，参与者必须充分了解并尊重这些文化差异，以确保援助工作的顺利进行。

4. 第二语言教育环境

在第二语言教育环境中，跨文化交际在以下两个方面有所表现：

第一个方面是，明确第二语言教育课程的目标是增进学生对目标语言所代表的文化的特征和背景的认识和理解。在第二语言教育中，教师需要了解跨文化交际的技巧和知识，以便有效地指导学生进行跨文化交流。同时，学生也需要通过教师的指导和培养来提升自己的跨文化交际能力。

第二个方面是，在教师和学生共同参与跨文化交际的过程中，教师应对学生的特点及差异有清晰的认识，深入了解学生的文化背景。在"第三空间"理论框架内，第二语言教学课堂有时会成为文化冲突的温床。在这种环境中，文化氛围可能经常性地回归到学生的母语文化或倾向于目的语文化。因此，为了更好地帮助学生适应新的文化环境，第二语言教师需要努力营造安全的教学环境。

在全球化的浪潮中，第二语言教师的角色已不再局限于单纯的教学工作。为平衡与协调课堂环境，第二语言教师需要具备跨文化交际的能力，同时要具备多种涉外人员的跨文化交际技巧，如援助工作人员、国际外交员和业务经理等的跨文化交际技巧。

除此之外，第二语言教师不仅要运用跨文化交际能力进行教学，而且要用目的语教授学生跨文化知识。

（四）跨文化交际学

现代通信技术的发展极大地促进了各国人民的交流，使人们对于外语学习的重视程度有所提升。

1.跨文化交际学的产生

跨文化交际学作为一门新兴学科，其发展历史比较短。跨文化交际学的发展与其他学科密切相关，特别是文化学、社会学、语言学等。这些学科的理论和研究对跨文化交际学产生了深远影响，为该学科的发展奠定了坚实基础。1959 年霍尔的《无声的语言》、1970 年国际传播协会成立跨文化交际学分会以及 1974 年《国际与跨文化交际学年刊》的创刊被认为是跨文化交际学诞生的三个重要标志。

跨文化交际学首先在美国出现，原因是其与世界各国频繁的交往。美国是一个多元文化国家，各民族、种族都有自己的文化，这使得在交流中因文化差异产生的问题日益突出。此外，大量移民和留学生拥入美国，这在一定程度上导致了文化差异问题的凸显。为了解决这些问题，跨文化交际学在美国诞生了。

时至今日，跨文化交际学一直是美国学者的研究重点，其原因主要是美国的诸多学者认为以往的跨文化交际有两大重要失误：一是文化中心主义导致排斥异国文化，二是缺乏对他国文化的区分意识，导致无法处理文化冲突。为了使不同文化背景的人能够和平相处，必须不断对文化差异问题进行研究。

综上所述，跨文化交际学是在全球化大背景下，产生于人际互动中不断涌现的文化摩擦之际，旨在化解异质文化间的冲突，是一门具有现实针对性的学科。

2.跨文化交际学的研究方法和研究内容

跨文化交际学是一门涉及多学科领域的综合性学科，多种学科与跨文化交际学关系紧密，相互渗透，形成了一个多元化的研究体系。对其影响巨大的学科有社会语言学、传播学、社会心理学和人类学。在探讨跨文化交际现象时，来自不同学科的研究者所运用的研究手段与视角有所差异。

跨文化交际学领域的研究方法和取向因学科而异。为了作出科学判断，社会心理学家采用心理学方法深入探究研究对象的价值取向和文化心理。为了全面描述和解读各种文化模式，人类学研究者注重实地调查、进行详细的数据收集与分析。传播学家则从传播学角度审视文化差异对信息传播的作用，为该领域提供了独特的视角和方法。各学科在跨文化交际研究中发挥各自的优势，共同推动该领域的发展。跨文化交际学作为一门特殊学科，其研究要将重心放在研究那些可能阻碍有效交际的文化因素上。同时，还要深入探索文化与交际的内在联系，以及文化的特性和本质。波特将影响交际的因素归纳为时间观念、思维模式、空间的使用与组织、社会组织、语言、角色规定、态度和非语言表达八个方面。随后，萨莫瓦尔和波特将其合并为非语言过程、语言过程、观察事物的过程。

第三节　跨文化非语言交际

一、跨文化非语言交际概述

（一）跨文化非语言交际的概念

在交际活动中，凡是不运用语言进行的交流与沟通，均可称为非语言交际。非语言交际是在交流过程中，通过人为因素和环境因素的刺激，在传播者和接收者之间传递潜在信息的一种方式。这种方式包括各种非语言符号，如肢体语言、面部表情、声音暗示等，以及各种环境因素，如空间布局、氛围营造等。在人们的直接交际活动中，10%～30% 的信息通过语言传送，70%～90% 的信息则依靠非语言手段解决。

非语言交际是人类交际的重要组成部分，是跨文化交际的主要形式之一。以下几种比较有代表性的定义会帮助人们理解非语言交际的特点：

第一，一切不使用语言进行的交际活动统称为非语言交际。

第二，通过多种交际渠道进行有意或无意的编码与解码的非语言行为。

第三，非语言交际涉及所有在一种交际情景中发出者自己生成的以及他（她）对环境利用形成的非语言刺激。这些刺激对发出者或接收者具有潜在的信息价值。

（二）跨文化非语言交际的分类

1. 体态语

体态语作为一种沟通方式，指通过身体动作来传递意愿、交流信息和情感。这种方式包括各种手势、人体姿态、面部表情以及其他非语言表达方式，如皱眉、张嘴、摇头、眨眼等。常见的体态语有以下几种：

（1）点头和摇头

中国人一般习惯于用点头来表达"同意"或者"是的""正确的"的意思，而用摇头来表示否定的意思。在日常交谈中，许多人都直接用点头或摇头来表达意义，而不使用语言。点头和摇头就是一种最常见的非语言交际。

（2）身体姿势

身体姿势也是一种常见的非语言交际手段。例如，中国人伸出大拇指表示称赞，弯腰、鞠躬表示礼敬，将食指竖立置于嘴唇前面表示噤声，等等。这些都是常见的非语言交际手段。

（3）面部表情

面部表情也是一种常见的非语言交际手段。许多人的喜怒哀乐都可以通过面部表情来表现。例如，微笑一般表示高兴，哭泣一般表示悲哀，当然，喜极而泣又是一种例外。

（4）身体接触

例如，拥抱、握手、击掌、摸脸等都是非常实用的非语言交际手段。

2. 空间语

空间语是研究交流者之间的空间布局、距离等方面，并通过这些方面来传递信息的一种交流方式。根据爱德华·霍尔（Edward Hall）的研究，空间语可归纳为三种：固定空间、半固定空间与非正式空间。

固定空间就是设定之后，无法再度移动的空间，如学校、办公楼、教学楼等。半固定空间指那些可以移动，但不常去移动它的空间，如教室、办公室等。非正式空间指围绕人们身体的空间，这种空间无论人们走到哪里，就会跟到哪里，也就是人们沟通时所占有的空间或距离，通常包括亲密距离、个人距离、社交距离与公共距离四类。

3. 时间语

时间语是一种表达方式，通过时间来传递信息。在交流过程中，时间扮演着重要角色，就像肢体语言或面部表情一样，传达着信息并影响着沟通效果。时间语研究人们对时间概念的理解，包括延迟、先后顺序、长短、准时等。在交流中，时间不仅是一种计量单位，其所表达出的信息符号更可以被视为一种语言，起着调节交流节奏和理解对话内容的作用。爱德华·霍尔把时间分为正式性时间、技术性时间和非正式时间。正式性时间指时间的区分单位，根据太阳与地球的运转关系，人们将时间划分为世纪、年、月、周、日、时、分、秒等计算单位。技术性时间和行话一样，非专业人士很难了解个中意义，如回归年、恒星年、近点年与交点年等术语，对一般人来说极为陌生。非正式时间可以说是人类生活的时间，它来自我们对正式时间的认知，如时光飞逝、岁月如梭、消磨时间等。

4.副语言

副语言作为言语交流的伴随现象，涵盖了所有与言语相关的声学特征。在人类沟通中，副语言主要表现在音色、声调或声音的使用与变化上，比如呻吟、哈欠、咳嗽、大笑、叫喊等都是副语言。

从宏观的角度来看，非语言交际涵盖了非语言渠道、行为及活动所涉及的所有因素，是交际过程中不可或缺的一部分。非语言交际涉及交际双方之间的互动，因此并不是单一的动作或行为就能称之为非语言交际。非语言交际既可以是有意识的，也可以是无意识的，但不论是哪一种，都必须包括潜在的信息，都必须表达一定的意义。

（三）跨文化非语言交际的特点

非语言交际与语言交际在有些方面具有相似性，在有些方面又表现出各自不同的特点。非语言交际的特点主要体现在以下几个方面：

1.多变性

非语言交际所表达的意义，需结合具体情境进行综合分析，并无固定结构与正式的规则和模式。因为没有一套具有明确意义的符号，在不同的文化和交际过程中，相同的符号可能表示不同的意义。比如，用拳头打某人，有时表愤怒，有时表激动，有时表悲伤，有时表绝望，有时还可能是表喜爱、亲昵等。可见，打人这一动作要根据不同的交际情景来分析，不能简单将其定性为某种意义。

2.持续性

非语言交际是持续不断的，不受时间的线性特征制约。语言交际是一种线性过程，从信息的发出到接收，再到理解的完成，整个过程可以看作一个完整的周期。在这个过程中，信息的发出者通过语言表达自己的观点和想法，信息的接收者则通过倾听和理解来获取这些信息。一旦信息传递完毕，沟通也就随之结束。这种交际方式具有明确的时间节点，声音落下的那一刻，沟通也就画上了句号。然而，非语言交际则呈现出一种截然不同的特点。非语言交际更像是一种开放式的、持续的沟通。只要有人在场，交际就不会中断。即使没有语言的交流，个体也可以通过非语言方式来表达自己的态度和情感，对方也能从中理解和感知。譬如，激烈的争论之后，也许双方不再开口，但双方的面部表情却在传递着信息。

3. 鲜明性

在当今时代，科学技术已获得高度发展，非语言行为的鲜明性日益凸显。在机场、铁道边和高速公路上，醒目易懂的标识符号随处可见。这些标识符号以直观的方式发布各类指令，确保交通秩序井然。同时，图形标志的广泛应用替代了传统的文字说明，使信息传递更为简洁、直观，提高了沟通效率。

4. 隐含性

非语言行为的隐含性在许多场合得以体现。例如，人们在做游戏或交谈时，使眼色或者打手势等都是比较隐蔽的非语言交际行为，这种传递信息的功能是语言行为无法替代的。

5. 普遍性

非语言交际作为一种跨越文化界限的交流手段，在国际社会中已经得到了广泛的认可。这种交际方式与语言交际不同的是，它具有超乎国家、民族和文化领域的共通性。这意味着无论在何种文化背景下，非语言交际都能起到有效的沟通作用。研究表明，人们在表达情感时，如害怕、高兴等，都会展现出相似的面部表情。这种面部表情在全球范围内都能被理解和识别，证明了非语言交际的普遍性。此外，即使在体育比赛中，裁判的手势无须翻译，也能被各民族观众理解。

6. 辅助性

非语言行为在人际互动中具有显著影响力。心理学研究揭示，人际交流中所传递的信息，表情所占比例高达55%，声音次之，为38%，而语调仅占7%。尽管非语言行为在交际中的应用广泛、结构简洁，但其在总体上仍处于辅助从属的地位，无法与语言相提并论。因此，在人际交往中，非语言交际虽然发挥着重要的辅助作用，但无法撼动语言的核心地位。

（四）跨文化非语言交际的功能

非语言交际不仅具有以上特点，还具有以下这些重要功能。不少学者强调，非语言交际是交际中不可缺少的组成部分，而且大部分的交际信息是通过非语言行为传递的。

1. 传达真实的内在感情

非语言交际具有强大的情感力量。人们通过非语言行为来表达内心的感情和态度，人们也是通过非语言线索来判断对方的真实意图或动机。当语言交际和非语言交际同时发生的时候，语言行为表达的是内容，而非语言行为表达的是态度和与别人的关系。比如，一个人接受一件不喜欢的礼物时，出于礼貌会说"真漂亮，我很喜欢"，但是他看到礼物时不经意间皱了皱眉头，于是对方便能从他的表情，而不是他的言语中判断出他对这份礼物是否真的喜欢。

2. 营造交际印象

非语言交际的另一个功能是营造印象或达到吸引对方的目的。例如，面试时面试者的着装、举止，会给考官留下非常重要的"第一印象"。在跨文化交际中，人们得体的外表和举止会给对方留下良好的印象，取得对方的信任，并使交际愉快地进行下去。

3. 进行会话管理

非语言交际还有一个重要功能是进行会话管理。手势、眼神、表情、谈话距离、沉默等非语言线索都对会话交流起着指引、解释和强化的作用。在跨文化交际中，当不同文化背景的人使用不同的非语言行为来管理会话时，可能会产生交流的障碍。

（五）跨文化非语言交际与语言交际的关系

语言交际和非语言交际是跨文化交际的两种主要渠道，虽然语言交际和非语言交际有各自不同的特点，但它们并不是彼此孤立的。在很多情况下，非语言交际与语言交际相辅相成，非语言行为伴随着语言交际的进行而发生。非语言交际的主要功能之一是支援语言交际，非语言交际对于语言信息起着重复、补充、代替、规范和否定等作用。

1. 重复

非语言行为重复语言信息。有人问路："图书馆在哪儿？"可以回答："就是西边那个楼。"同时回答者手指向西边。手的动作是在重复所说的信息。人们经常一边点头一边说"是"，也是非语言动作对语言信息进行重复的例子。

2. 补充

非语言行为对语言信息进行补充。当跟朋友约会迟到了，可以说"对不起"，同时流露出不好意思的表情，这种歉意的表情是在强调迟到者想要表达的道歉之意。

3. 代替

非语言行为代替语言的表达。交通警察在喧闹的马路上用手势示意司机停车，西方人用耸肩的动作回答别人的询问，都是非语言行为代替语言交流的例子。

4. 规范

非语言行为还对语言交际起着规范的作用。比如，上课铃响了，教师把手指放在嘴边示意学生们安静下来。日语中的"嗨，嗨"和英语中的"uh-huh"都是规范会话的副语言手段，意思是表达"我在听着呢，你说下去"。

5. 否定

非语言行为所表达的意思与语言信息相矛盾，或者说非语言行为否定了语言表达的意思。比如，一个人演讲前说自己并不紧张，但是他的脸色发白，拿着发言稿的手微微颤抖，那么非语言行为就否定了他所说的话。

二、体态语

（一）体态语的特点

体态语，即身体行为。体态语是非语言交际的重要组成部分，一般具有以下特点：

1. 体态语通过身体动作或姿势传递信息

握手表示见面致意，拍拍脑门表示懊悔，频频捶胸表示悲痛，不停搓手表示为难，手指不停敲打桌面表示思考或漫不经心。这些身体语言都在传递着信息。

2. 体态语一般是约定俗成的

在某一民族或文化背景下，采用何种肢体语言传达特定含义，是约定俗成的。若个人违反这一既定规则，可能会产生误解或引发交流障碍。在世界上，大多数民族都以点头表示赞成或同意，摇头表示反对或不同意，但保加利亚人和尼泊尔人则以摇头表示同意，点头表示反对，如不知道这一不同的规则，则会引起交际中断。

3. 体态语有时是无意识的

体态语可以是有意识的，也可以是无意识的，如在害羞时，人会不自觉地脸红，如果精神上受到强烈打击，脸色会发白，在强烈的愤怒受到抑制无法爆发时，则脸色发红，这些都属于无意识行为。又如，一些人在演讲时，为了提高演讲的可信度与感染力，会有意识地控制自己的肢体语言。

4.体态语是多感官传递的

体态语言源于心理活动，通过动态、触觉、听觉、视觉等途径传递给他人，以姿势和肢体动作表现为载体，蕴含着关键的信息要素。有声语言诉诸人的听觉，而体态语却能从各个渠道感知。由于极度兴奋、激动或愤怒，一个人会呼吸急促，胸腹部起伏不停，体会这一情感，不仅要靠听觉，还要多渠道感知、综合分析。

5.多种体态语可以配合使用

体态语既可以单独呈现，也能与其他体态、语言及伴随语言协同运用，展现出丰富的表达效果。人一旦开口说话，就会伴随一定的体态语，没有一个人说话时全身僵硬、面无表情，只是有些人多一点儿，有些人少一点儿。如一个人在紧张时，虽未开口，但会不自觉地抖动双腿，传达出紧张的情绪。在交谈时，若听者不时给予话语上的反馈，身体略微向说话者倾斜，并伴随微笑与注视，表示听者的热情或对说话者的话语感兴趣。

6.体态语有先天的和后天的

体态语既可能源自后天的习得，也可能受到先天遗传的影响，如一个人走路的姿势多是无意识的，却能传递某种信息。如果一个人步履急促，面色慌张，则说明他很有可能在赶时间。而模特走秀的姿势多是经过专业训练的，他们的走路姿势给人以美的享受。

（二）体态语的种类及其在不同文化中的差异

体态语用来传递交际信息的表情和动作，是非语言行为中非常重要的组成部分，包含面部表情、眼神接触、姿势、手势、行为举止以及触觉等方面的动作。体态语和有声语言一样，也是文化符号，因在各民族文化中定义不同，在跨文化交际中很容易产生误解。下面我们从面部表情、眼神接触、手势、姿势、体触五个方面进一步了解体态语在不同文化中的差异：

1.面部表情

人类的面部表情丰富多样，内心一旦产生爱、怒、乐、恶、哀、欲、喜的情感，就会立刻在面部展现出来。这种情感的流露是自然的，也是人类交流的一种重要方式。根据学者的研究，有六种情绪表情相当容易辨认出来：生气、恶心、害怕、快乐、悲哀及惊讶。面部表情是解析他人情感和传递个人情感的主要途径。面部表情在表演艺术上，有很大的应用与发挥空间。例如，中国的京剧，每一种脸谱都很清楚地代表着忠、善、邪、恶等个性。

情绪与语言都是在社会生活中历经陶冶与磨砺而逐步形成的。要想熟练掌握情绪及其表达，须潜心学习与应用。在此过程中，文化因素不可避免地影响情绪表达方式，从而展现出各异的文化特质。各种文化均会演化出一套引导个体展现社会认同的恰当行为的规则，弗里森（Fresen）称之为"显露规则"。不同文化拥有各自独特的显露规则，这些规则塑造了人们在社会中展示行为和情感的方式。

各国人民在运用面部表情传达情感时，基本表现状态相似，然而也有特殊情况，如澳大利亚土著人以张嘴、吐舌、瞪眼的动作来表达友好，但在其他国家，此类举止可能被误解为表示反感或挑衅。相较于东方人，西方人运用面部表情传达情感时表现得更为外放。在各类影视作品中，来自不同国家的演员通过精湛的面部表情传递情感，揭示了各国文化在面部表情方面的共性和差异。

在跨文化交际教学中，面部表情至关重要，教师面部表情的基调应是微笑，反映教师对学生的喜爱和讲授知识的愉快心情。教师若总板着面孔或皱着眉头，一脸苦相，可能会传染消极的情绪给学生，加重学生的心理负担，影响教学效果。教师应尽量避免诸如吐舌翻唇、口沫四溅等不雅行为。在讲授感情色彩的词语时，教师也可通过面部表情来表达词语的意思。如讲"高兴"这个词时，教师可以露出笑容；讲解"难过"时，可以露出悲伤的神态。

2. 眼神接触

人类的眼睛会说话，是"心灵之窗"。眼神能辅助语言传递出大量信息，从眼神中能表现出喜爱或厌恶、尊敬或轻蔑、生疏或亲密等情感信息。比如，与不喜爱的或生疏的人谈话时，看对方的次数会较少。特殊情况下眼神甚至能替代语言单独传递信息，例如在有第三方存在的情况下，有默契的两个人通过眼神可以传递不希望第三方知晓的简短信息。

来自不同文化的人们，用眼神沟通的方式，也有所差别。

与熟人进行交谈时，双方之间的目光接触被视为一种基本的社交礼仪。这种目光接触不仅有助于建立彼此之间的信任，还能更好地理解对方的情感和意图。在交流过程中，保持稳定的目光接触能够让对方感受到自己的专注和真诚。与陌生人交流时，为了展示出专注和关注，人们通常会注视对方的面部或眼睛，这样的举动能够让对方感受到尊重和关注。当然，如果不同意对方的观点，可以采取一些身体语言来表达自己的态度。例如，可以微微抬眉、歪头或露出疑问的神情来表达疑惑或不同意。在进行公众演讲时，演讲者与听众保持眼神交流是非常重要的。通过与听众的眼神交流，演讲者能够更好地与听众建立联系，增强演讲的说服力。相反，如果演讲者不与听众进行眼神交流，可能会让听众感到被忽视或不被重视。值得注意的是，东方人和西方人在非交谈状态下的目光接触方面存在一定的差异。

适当地运用目光语言，可以提高跨文化交际教学的效果。教师注视的对象应视情况而定，可以时而环视全班学生，时而注视部分学生或者个体学生，要将目光公正、均匀地分配给每位学生，让每位学生都能"沐浴"在教师温暖的目光中，感受到教师的关注，从而整堂课始终保持较高的兴奋水平和警觉状态。教师根据教学要求可以长时间地注视学生，也可以迅速扫视学生，或者给学生一瞥。教师的目光应该坚定，不能飘忽不定，否则容易给学生造成紧张、不够自信的感觉。在课堂教学中，教师应该尽量使用正向的目光，少用负向的目光。

3.手势

在人类进化的历程中，手势语作为最早的交际工具，通过手和手指的形态与动作来替代语言进行交流，以表达思想。手部以其细腻生动的特点，展现出丰富的动作，使得所传达的意义极为清晰。由于手的灵活性，手势语能够准确无误地表达出所要表达的意思。

手势语可分为习俗手势、技术性手势及自闭式手势三类。

习俗手势作为整个文化产物的组成部分，承载着各个民族的独特风貌，并历经千年传承不衰。在表达怀疑或无可奈何的情绪时，不同国家和地区的人们都有着各自独特的表达方式。例如，中国人只需简单地摇头，就能传达出内心的疑虑或无奈；西方人则习惯性地耸起双肩、摊开双手，以表达相似的情感。然而，如果不了解当地的手势文化，很可能会导致误解和尴尬，甚至引发不必要的麻烦。

技术性手势是指在特定行业或特定场合中，普遍应用并可以通过学习掌握的手势表达方式，如交警、音乐指挥、裁判等专业人员使用的手势以及聋哑人使用的手势语。这些手势通常具有明确的含义和规范，能够帮助交流和传达信息。在特定的行业和场合中，技术性手势的准确使用对于有效的沟通至关重要。

自闭式手势与文化的关系并不密切，大多是个体的行为习惯以及内心情绪的反映，这些手势的表达方式可能与个人的性格、情绪状态以及生活经验等因素有关，如有的人可能会通过跺脚来表达不耐烦的情绪，而有些人则习惯于咬指甲。

人们为动作和手势等符号赋予的意义呈现出文化的差异。同一个手势在不同的文化中代表不同的含义，例如，澳大利亚人使用大拇指向下的手势来表示嘲讽和讥笑；在法国和墨西哥，这一手势则用来表示"运气差"或"没用"。

4. 姿势

在跨国文化交流中，身体动作的多样性成为必然现象，各个姿势在特定文化背景下承载着独特含义。以坐姿为例，在不同文化背景下，其所体现的意义各不相同。美国人在家中及私人办公室内较为随意，有时会将双脚置于桌面上。然而，在日本文化中，男性与女性坐姿存在显著差异，男性一般采用盘腿而坐的方式，而女性则需双膝跪地，上身保持直立。站立姿势这一举止，尽管看似简单，然而其在不同文化和社会身份群体中，却具有截然不同的深层含义。在正式场合，当年长者和年轻者、上级与下级共同站立时，下级应确保自身姿态稳重，避免给人以散漫的印象。若上级选择站立，下级应保持重心平衡，不宜将重心置于单腿之上或采取双腿交叉的姿势。同时，避免腿脚动作过于频繁，以免给人以过于随意的感觉。

5. 体触

体触行为是非语言文化交际的重要内容。语言学中对体触行为的研究，有人称之为"触觉交际"或"触觉沟通"。非语言交际中甚至还有专门研究体触行为的学科，叫"体触学"。

体触行为属于动态无声语言，是一种非常复杂的语言符号系统。医院里的医生检查身体、理发师理发触摸头和脸、按摩师按摩身体等属于职业性的触摸，这种触摸是不包含任何感情成分的。社交性质的触摸包括握手和礼仪拥抱。亲友分别许久，再次见面时亲切地握手和拥抱则属于友爱的类型。男女恋人的拥抱属于情爱类型。

有些民族的身体接触比较多，而有的则比较少。根据身体接触多少的差异，我们可以把文化划分为接触性文化和低接触性文化。

体触行为在中西之间存在差异的原因是各自价值观念的不同。在分析中西文化差异时，必须认识到，文化多样性的核心在于价值观上的巨大差异。具体来说，这种差异主要体现在中国文化强调的群体取向与西方文化崇尚的个人主义之间。在这两种截然不同的文化背景下，领地意识显得尤为重要。作为个人主义的核心特征之一，领地意识在维护个人的安全、独处、自由和完整性方面具有至关重要的作用。基于上述情况，霍尔区分了两种交际环境文化：弱交际环境文化和强交际环境文化。在弱交际环境中，人们主要依靠有声语言符号来传递大部分信息，这些符号承载了大部分的信息内容。相对地，在强交际环境中，人们所传达的信息更多地隐藏在外部环境或无声语言之中，而由有声语言符号承载的信息则相对较少。东方与西方在这方面的差异是悬殊的。通常人们认为，东方文化属于强语境文化，西方文化属于弱语境文化。

三、时间语和空间语

（一）时间语

时间作为一种信息符号，被用来表达各种意义，这被称为时间语。在交际的过程中，时间犹如脸部表情，也会说话。爱德华·霍尔把人们认知的时间分为三大类：正式性时间、技术性时间以及非正式时间。

正式性时间指时间的区分单位。为了人类行事的方便，根据太阳和地球的运行关系，人类主观地将时间划分为计算单位。

技术性时间和行话一样，非专业人士很难了解个中意义，如回归年、恒星年、近点年与交点年这些时间的表示，非专业人士恐怕是一头雾水。

非正式时间可以说是人类生活的时间。这种时间观念来自我们对正式时间的认知。我们常说的"一寸光阴一寸金"、"时间就是金钱"或"消磨时间"都是属于非正式时间。

时间还可以从单线性和多线性的角度来认识。单线性时间取向以北美与北欧诸国为代表，他们认为时间是一条持续前行的直线，可以对其进行切割，同时可实施经营管理。南欧、拉丁美洲与中东国家属于多线性时间取向的地区。这些地区的文化并不将时间具体化到好像可以看得到或摸得到，并且可以分段加以经营管理的实体。

（二）空间语

1. 空间语界定及种类

间距、空间或距离学研究人类或动物如何使用空间来彼此沟通的过程。空间可以交流信息，除了个体的肉体界限外，生物可以向外扩展到一个被称为"有机体领域"的范畴。"空间语言"通常是指通过空间布局、设计和结构等来传达思想信息的一种语言形式。"领地性"则指个体对一个特定范围的要求，并且愿意维护这个领地的行为。

文化差异导致人们对空间和距离的价值观念、空间范围所引发的联想与感受、空间需求以及与空间相关的交际规则存在显著差异。在跨文化交际过程中，由于存在文化差异，人们可能会因为对方处理空间的方式不同，而误认为对方无礼地侵犯了他人的领地。这种误解往往源于双方对空间概念及使用方式的认知差异，以及在领地和个人空间方面的文化冲突。

爱德华·霍尔将空间范围分成三种类型，具体如下：

第一，固定空间（fixed-feature space），即由固定的墙栏和物体构成的空间，如房间，房间完成之后是无法移动的。这种空间的设置对人与人之间沟通的影响比较小，但是对人心理的冲击有时很强烈。

第二，半固定空间（semi-fixed-feature space），即由桌椅板凳之类较大物体构成的空间。研究显示，公司内座椅的不同摆设，会影响到员工的士气与公司的生产力。不同的文化价值取向，也会造成办公座椅摆设的差异。例如，很多日本公司的办公桌椅的摆设就像教室一样，经理的座椅在最前面，可以随时注意到所有坐在前方的员工。

第三，非正式空间（informal space），指围绕人们身体的空间，也是人际交往中的近体距离和领地要求，具体可以分为拥挤、近体距离、领地性、空间取向及座位安排。

2. 空间利用

人们对空间的利用大致包括对待拥挤的态度、人际距离、领地观念、空间取向、座位安排等。

（1）对待拥挤的态度

拥挤作为人们在特定环境下所产生的一种心理感受，大多源于对有限空间的不适。当个人的行动自由受到限制，或者个人空间受到他人侵犯时，拥挤感便油然而生。这种现象不仅涉及个体的心理状态，也与外部环境的状况息息相关。

英语国家的人即使是家人之间也会保持一定的距离。相比之下，中国人则有所不同，家人、同学和亲密朋友倾向于聚集在一起，形成一种亲密而热闹的氛围。

（2）人际距离

研究人与人之间如何利用距离进行交际也是跨文化非语言交际的一个专门的领域，称为近体学，就是通过对人们利用不同的近体距离的行为进行辨析，了解其心理活动的研究。根据霍尔对人际距离的研究，分出了亲密距离、个人距离、社交距离、公共距离四种类型。

①亲密距离

个体之间从身体接触到相距不超过 0.45 米的距离被称为亲密距离。在这个区域内，人们通常会低声细语，谈论一些高度私密的话题，如个人感受、内心秘密等。亲密距离被认为是人际关系中最亲密、最紧密的一种距离。若不熟悉的人进入了亲密距离范围内，则会引起威胁感。

②个人距离

通常来说，个人距离是指保持 0.3～1.2 米的谈话距离。在此距离范围内，双方交谈的声音会比较柔和、亲切，且不会过于大声。在谈话内容方面，一般涉及个人私事，当然在户外环境下，为了确保沟通的清晰度，谈话音量可能会适当提高。

③社交距离

社交距离通常保持在 1.2～3.6 米之间，这是保持正常社交互动的标准范围。在此距离进行交谈，既可以确保对周围无关人士的非保密性，又能够让音量适中，确保交流的顺畅。通常情况下，这种距离适用于讨论一些较为正式或非个人性质的话题。

④公共距离

一般在 3.6 米以上为公共距离，适用于诸如演讲、授课等正式场合。在此距离下，谈话内容不涉及私密范畴，可以适度提高音量，以便听众能够听得清楚。

（3）领地观念

在探讨空间观念时，人们必须考虑到个人领地的概念，以及维护这一领地所有权的相关问题。领地的范围涵盖保护个体心理、社交和生理等方面所需的空间，包括确保个人安全、独处、自由和完整性等方面。行为科学家普遍认为，领地性是人类行为的一个重要特征，不同文化背景下的领地观念存在一定差异，这种差异在跨文化交流过程中可能引发社交冲突。可见，领地性有助于规范社交互动，但也可能引发社交冲突。因此，在跨文化互动中，理解和尊重对方的领地观念至关重要，以避免潜在的误解和冲突。

（4）空间取向

空间的一个重要组成部分是取向。取向与领地范围密切相关。空间的概念并非局限于方向和水平距离，还包括垂直高低的位置和距离关系。除了表达物理位置外，空间也涉及人们对待人际关系、社会互动以及世界观的态度和看法，即取向。取向不仅涉及个体在空间中的地位高低，还涉及个体在社会中的先后次序以及角色定位等。世界上许多文化有朝向要求，比如中国人比较重视住房的朝向。

（5）座位安排

座位安排并非只是简单地安排位置，而是一种精致地体现个体人际关系的方式。无论是在会议室商讨重要事务，还是在家庭中亲朋聚会；无论是在社交场合的洽谈中，还是在餐厅品尝美食，座位的布局都蕴含着细微的暗示和象征。每一个位置的选择，都承载着不同层次的含义，揭示着个体之间千丝万缕的人际关系状况。

四、副语言、沉默语和客体语

（一）副语言

副语言也叫伴随语言，它指的是人类沟通时声音、声调或音色的使用与变化，是伴随言语的一切声学现象。常见的是用某种声音代替一句话的含义，如用发抖的声音代替"我很冷"。

语言学家特拉格（Trager）将伴随语言分成三部分，即作为言语基础的声调以及作为言语伴随的音质和浊音化。声调是指语言中音节或词语发音的力度、高低、升降变化。音质则是指声音的品质或特征，包括语速、共鸣、节奏、声门、音调等方面的控制和表现，它可以是尖叫、孩子气的声音、鼻音、有节奏的声音等。有时它能传达人们的感情。浊音发声有笑、哭、清嗓子声、哼哼声、啜泣声、喷嚏声、呼噜声等。非言语声音同默语一样，也带有文化的烙印。在公共场所，如剧院或演讲会上，民众通常会采用将食指置于唇前的方式发出嘘声，意在提示他人保持安静。

交际时音量的大小因文化背景不同也呈现差异。阿拉伯地区的人们大多生活在较为嘈杂的环境中，因此在收听收音机时，他们通常会习惯性地将音量调至较大，而在与他人交谈时，声音也相对较高。

副语言在教学中发挥着重要作用。对教师而言，讲课的语气、语调、语速、重音、停顿、音量等，都有极为重要的作用，是教师必须拥有的教学语言技巧。一般说来，亲切舒缓的语气，会让学生有如沐春风的感觉；抑扬顿挫的语调，能调动学生的学习兴趣；张弛相间的语速，有利于学生进行思考；响度适当的音量，会带给学生最佳的美感刺激。

（二）沉默语

沉默语属广义语言学范畴，本质是一种符号。沉默的意思需要依赖具体的语境。

1. "沉默语"的语用特征

在交际过程中，"沉默语"作为一种语言表达方式，有丰富的语用特征，主要表现如下：

第一，沉默可以被视为在心理语言传达过程中的间歇性行为。例如，在面试等场合，短暂的沉默能够给予参与者思考问题的机会，彰显回答者的思维深度与敏捷度。然而，长时间的沉默可能导致尴尬和不安，因此为争取更多思考时间，人们通常会借助一些过渡性词语，如"嗯"或"众所周知"等来打破沉默。此外，在回应请求时，经过短暂的停顿后再给出答复，更显谨慎可靠。

第二，体现了社会文化特质的间歇性行为。在中国文化传统中，儒家思想主张"敏于事而讷于言"①，将夸夸其谈视为不务实和不真诚的表现，强调人们应注重实际行动，避免过多空谈。此外，在社交场合中，保持冷静稳重，不受流言蜚语和纷争影响，被视为一种美德。

第三，表现为交流中实际的停顿间歇行为。沉默在实际交流中扮演着重要角色，在演讲和讨论情境中，恰当的停顿和间歇策略不仅可以增强语言表达力，凸显关键信息，还能吸引听众的关注。卓越的演讲者擅长利用停顿传递情感，引导观众深入思考。在教育实践中，短暂的沉默有助于教师启发学生思考，提升其自

---

① 杨伯峻. 论语译注 [M]. 北京：中华书局，2018：63.

主表达能力，相较于严厉斥责，这种方式更能培养学生的表达能力。

2. 沉默映射不同的文化特征

沉默作为一种文化现象具有不同的文化特征，西方文化中常赋予沉默消极意义，而东方文化则更倾向于赋予其积极意义，这种差异反映了不同文化对沉默的理解和价值取向上的差异。因此，对待沉默的态度会因文化背景的不同而有所差异，这也说明了文化对人们行为和情感的影响十分深远。

沉默现象的研究，引导人们在跨文化交际中保持开放心态，认真观察、理解和尊重不同文化之间的差异，同时寻求共同点，以更好地参与跨文化交际。

日常交流中的沉默有着不可替代的作用，在教学中，沉默亦非常重要。教师的沉默具有控制调节、启示、代替和判断以及辅助五种功能。教师的沉默应遵循适切与适度原则。教师的沉默在管理课堂纪律与处理个别冲突的问题上都有重要作用。教师的沉默不是对课堂教学的不负责任或回避，而是以学生为中心的体现，给予学生一定的思考时间，同时引导学生自主学习。

（三）客体语

客体语，包括家具、衣着、化妆、气味、皮肤颜色等。这里我们介绍一下服装、饰物和化妆。

1. 服装

服装除了保暖遮羞、舒适美观的作用外，还具有文化展示的功能。通过服装可以看出一个人的职业、爱好、价值观念、经济状况、性别、年龄、民族等。在某种特定的场合应该有某种特定的着装。事实上，在某些交际场合，如面试、集会、国宴等对穿着的要求已经确定了一套常规。我们都习惯于根据个人的衣着、发式、化妆等去寻找体现他个性特征的线索。

在中国古代封建王朝，黄色是帝王服装的颜色，并且对官服的颜色、花纹、样式也有极严格的规定。在现代社会中，服装不仅是职业和身份的象征，还与场合有着密切联系。西装革履是一般政府机关职员和写字楼上班族的装扮，制服、领章、领徽是卫兵的装扮，白大褂是医生的装扮……不同的场合也对服装有一定的要求。正式场合对于服装要求比较正式，非正式场合的着装要求比较随便。服装也是民族文化的象征，中国的唐装和旗袍、中东妇女的罩袍、印度的纱丽等，这些民族服装都承载着丰富的民族文化。

2. 饰物和化妆

饰物包括头饰、首饰、耳饰、胸饰等。已婚女子常将戒指戴在左手无名指上，因此戒指可以显示婚姻状况。除衣着外，脸部化妆和美观的耳饰也是必需的。年轻人化妆淡一点儿，年老者浓一点儿，白天稍淡，晚上稍浓。女教师、女律师、政府女官员等衣着正规保守，化妆比较庄重。

第二章 跨文化交际理论基础

在过去数十年的时间里，不少优秀的专家和学者在跨文化交际理论方面深入探究和钻研，并取得了质的突破。本章主要对一些研究比较成型、实践性较强的跨文化交际理论进行详细论述。

第一节　跨文化交际的相关理论

一、意义协调理论

在日常生活中，大多数的人将交谈视为最理所应当的活动。谈话是一种非常自然和简单的交流形式，然而许多人却不知道怎样去做才能使这种自然的交谈变得更加有效。实际上，当人们进行对话时，他们通常会按照众人的期望来表达，这已经成为一种普遍的习惯和方式。为了深入理解对话的核心含义，人们经常采用意义协调理论（Coordinated Management of Meaning，CMM）作为研究工具。该理论主要以语言形式与社会文化之间的关系作为理解言语行为、分析会话含义以及预测话语效果的基础。这一理论是由美国传播学权威巴内特·皮尔斯（Barnet Pierce）与弗农·克罗农（Vernon Kroc）经过综合研究和探讨之后共同提出的，该理论主要研究语言形式与话语功能之间的关系问题。他们持有这样的观点，即交流过程是受到一系列规则的约束与引导的，所以在这一理论体系中，规则占据了至关重要的位置。在交际双方都遵守一定的原则时，交际才会成功。意义协调理论主要探讨了个体是怎样有效建立规则以及阐释意义的，同时也探讨了这些规则是如何在对话中实现意义协调的。他们将日常生活喻为"没有导演的戏剧"[①]，而谈话则成为这出戏剧的核心内容。戏剧是由对话构成的，对话是通过演员来表现的，演员们为了完成任务，必须不断地交流各自的想法。然而，因为缺乏导演和剧本的支持，剧情变得异常复杂，演员们按照自己的个人经验来寻找意义，并且也在不断地与其他人沟通和协调他们的剧本。因此，交谈就成了一种有组织、高效率、高艺术水平的活动方式。事实上，理解他人剧本的人在交谈的过程当中可以保持一致性，并且在交往过程中是会得到彼此认同的；对于那些无法理解剧本的人来说，他们需要重新协调自己的意义。显然，达成关于谈话剧本的共识是一个巨大的挑战。那么，怎样使人们理解对话的含义呢？皮尔斯与克罗农的比喻将意义协调理论的核心思想深刻地揭示出来。意义协调理论是基于哲学、心理学和教育学的研究成果而提出来的。

[①]　严明.跨文化交际理论研究[M].哈尔滨：黑龙江大学出版社，2009：37.

（一）意义协调理论的前提假设

1. 个人生活在交际之中

意义协调理论的首个假设重点强调了在人类日常生活中交际所占据的核心位置。语言是人们交流的工具。人与人之间的交际价值远超出了人们的预期，实际上所有人都生活在这种交际环境当中。因此，理解人们如何使用语言来表达他们对世界的看法以及他们之间的相互关系是至关重要的。意义协调理论认为社会情境是由互动创造的。换句话说，正在社交互动中的两个个体，共同塑造了对话的深层意义。在这一过程中，人们通过彼此合作、交流来完成一个完整的语言交际活动。在社交活动中，每一个参与者均为人际交往体系的一个关键部分，并且这个人际交往体系也可以解读每个人的具体行为或者反应。因此，个体之间会产生一系列的相互关系，这些关系可以被看作一个复杂的动态过程，即话语—语言网络。显然，每个人都是对话现实的创造者，因此每一次的互动都带有独特之处。因此，从这个角度出发，交际应该被看作一种创造性思维活动。在西方的学术领域，有的学者会将交际视为一种无色无味的思维和表达方式，而皮尔斯和克罗农则持有与此相反的观点。他们坚信，只有重新审视交际的本质，并在新的语境中去全面理解和认识交际，才可以更深入地洞察人类的行为模式。交际作为一种社会现象存在着自身规律，它有自己独特的功能。因此，我们首先需要认识到交际的重要价值。

2. 人类共同塑造社会实在

人类需要共同塑造社会实在是意义协调理论提出的第二个假设。这个假设认为人类可以通过交往而获得社会实在。这里讨论的社会实在主要是指个体在理解意义或者行为的时候，同他人的交往和互动的匹配程度。这个定义强调了人们通过交流而建立起一种相互关系，即相互信任、彼此合作。其实，在两人开始对话之前，他们已经积累了丰富的交谈经验。在对话过程中，两人从各自不同的视角进入对话，而对话的成果将进一步塑造出新的社会现象。意义协调使交流过程更自然、更和谐。不夸张地说，得益于双方的共同付出，新的社会实在得以形成。

3. 信息传递依赖于个人意义和人际的意义

信息的传递是基于个人意义以及人际意义的，这是意义协调理论中的第三个假设。其中，此处所指的个人意义是在与他人进行互动的时候，人基于其独有的经验所获得的特定意义。人际的意义则主要是个体通过社会交换获得的。个体的意义是基于与他人的过往交往经验，因此在这方面展现了显著的差异性。在社交互动中个人意义尤为关键，这有助于人们挖掘与自己和他人相关的信息。人际意义则主要来自个体之间相互交流所形成的社会关系以及由此而产生的情感关系。人际意义源于社会的影响，因为人们在互动的过程中受着社会结构、社会规范以及社会关系等因素的制约。当双方在互动的过程之中对彼此之间的解读达成共识，他们便获得了人际意义。因此，我们可以认为，人际的意义是建立在特定情境下的一种特殊的心理过程，而这种情境就是人际意义。人际意义是由所有参与者共同塑造出来的，这些意义源于各种不同的背景和情境。例如，一个人在与人交往的时候会感受到其所处环境中的一些变化，这些变化可以影响其心理状态，从而导致人际意义的改变。鉴于人和人之间的相互关系错综复杂，因此需要时间来真正理解人际意义。如果一个人在交往过程中能以自己的方式理解对方的话，那么所获得的意义就是真实的。在对话过程中，人们通常不加思考地理解和获得个人意义与人际意义。

（二）意义协调理论的内容

1. 意义结构的等级

"意义可以分为六个层次：内容、言语行为、契约、情节片段、生活剧本和文化模式。"[①] 具体如下：

内容其实是人们所接触的初始数据，也被专家和学者视为未被解释的刺激，这其中涵盖了多种形式，如行为、噪声等。从信息加工心理学角度来说，内容就是对人的信息输入过程所做的组织安排。内容层次是将原始数据转化为意义的初始阶段。

言语行为指的是通过口头表达来实施的各种行为，这包括但不限于抱怨、侮辱等。在言语行为中，有一种特殊形式——"言内行为"，它是由语言符号表达的，但却不具有话语所包含的意义。言语行为不仅传达了讲话者的意图，还明确指出具体的交流应该以何种形式进行。言语行为可以从不同角度来分类，但有一点却是共同的，那就是都具有一定的语义内涵，即表达某种意图或愿望。举例来说，当对爱人说出"我爱你"这几个字时，这实际上是一种言语行为，原因是这句话仍然充满了情感语气。言语行为就某种程度来说并不是实体，而是通过意义逻辑

---

① 严明. 跨文化交际理论研究 [M]. 哈尔滨：黑龙江大学出版社，2009：72.

或者交谈行为展现的。言语行为是人与物之间相互联系所形成的关系系统中一种最基本也最为活跃的因素，是由人们共同创造出来的。

契约作为意义结构的第三个层次，主要是指处于特定关系中的个体对于双方关系可能存在的限制以及可能性所达成的共识。在契约下，人们可以通过自己的意志行动来改变他人的生活状态或结果。契约为行为提供了明确的指导原则，它能使人们了解彼此的情况，并在不违背法律原则下进行交流，从而减少纠纷。与此同时，也明确了双方关系的界限，有助于区别自己与他们之间的差异。此外，它也为人们的态度和行动提供了有益的指导，例如，如何进行交流，或者哪些议题在对话中被视为忌讳。

情节片段指的是具有明确起点、终点以及发展的交际习惯，它比较侧重于描绘人们行为发生的背景环境与语境。关于情节片段的重点，人们持有不同的观点。在中国传统社会里，人们倾向于以全局为中心来考虑情节片段，而西方学者则认为情节片段只与个人有关。不同的重点强调会导致人们对情节片段有不同的解读，所以同一情节片段可能会有不同的内部与外部视角。前者关注的是情节片段是否符合预期，后者则更注重情节片段与事件之间的关系。需要强调的是，文化构成了情节片段的根基，人们需要对情节片段的发展方向作出决策的时候，通常都有自己的文化期望。

生活剧本可以被定义为过去和现在发生的情节片段，生活剧本与人们的自我感觉有着密切的联系。每个人所经历的生活剧本都是独一无二的，它们之间有着显著的差别。生活剧本包含着个人对自己和他人生活体验的记录，它是个人对自身生活经验的概括和总结。除此之外，生活剧本也涵盖两人共同创作的情节片段。

文化模式主要是关于世界秩序及其与之相关的整体图像。在理解世界秩序中的文化现象和社会行为时，要充分考虑到它所体现出的各种社会关系及其相互联系。在阐述其含义时，个体和文化之间的联系显得尤为关键。在特定文化中，人们可以通过对某一事物或现象的理解而形成其特有的思维方式和行为方式。当来自各种文化背景的人们，尝试从不同的角度来解读意义的时候，通常情况下会产生沟通上的障碍。

意义层次在交谈中扮演着至关重要的角色。由于每个人都有自己独特的经历和互动方式，这导致了人们在意义层次上存在显著的不同。在语言交际中，说话者根据自己对意义层次的判断来表达相应的意思。明确意义层次有助于人们更好地理解意义的协调以及管理方面的意义。

2. 影响协调过程的因素

协调意义是一个涉及多个因素的复杂过程，这些因素包括人们的道德观念以及是否能够获取到必要的资源。

为了实现意义协调，个体需要对更高层次的道德准则进行综合思考。在日常交际中，人们经常使用伦理原则来处理与他人或社会之间的关系。道德感是伦理的一部分，而道德规则本质上为个体提供了在交往中阐述其伦理观点和立场的重要机会。谈话的参与者之间存在着一定程度上的道德关系，这种关系影响到谈话双方的情感状态以及对道德问题的态度。道德伦理构成了对话的核心内容。不同的角色有自己特殊的职责，这些角色之间存在着一定程度上的相互关系。在社交互动中，每个人都会根据自己的道德准则来参与对话，而在这其中人们会扮演员工、朋友等各种不同的角色。在社会发展进程中，每个角色都有其独特的权益，但同时也肩负着各自的职责。

一个人获取资源的能力同样会对意义协调产生一系列的影响。在语言活动中，意义协调可以通过对不同种类的资源进行分配来实现。所谓的资源，是指人们为了让自己的世界更具意义而创造的故事、形象、象征以及制度。此外，资源还涵盖了感知、记忆以及帮助人们与其社会结构保持一致的理念。在语言交流过程中，说话者通常使用各种策略来调节这些资源之间的关系，以达到目的。在交际过程中，协同作用显得尤为关键。在许多场合，说话者可以利用这些资源以达到目的。在某些情况下，与他人的沟通可能是简单的，但在其他时候却变得极为困难，这是由于人们会将各种不同的资源引入对话中，并按照自己对意义的理解来作出相应的反应。协调涉及语言能力、认知方式以及道德情感等方面。意义协调不仅与道德观念和资源有关，还与对话的准则紧密相连。

3. 意义协调的规则

规则是意义协调理论中的一个关键要素。在这一思想指导下，美国学者对意义协调进行了广泛研究。意义协调理论的形成是基于规则论的观点。在社会中，每个人都有自己独特的、与之相适应的规则。该领域的专家观点是"个人管理和意义协调的方法之一是使用规则"[①]。在一定程度上讲，规则可以成为一种语言形

---

① 严明. 跨文化交际理论研究 [M]. 哈尔滨：黑龙江大学出版社，2009：47.

式、一个符号或一个概念来表示某种行为方式。这些规则为人们提供了选择的自由、空间与机会。在日常交际活动中，交际者可以通过遵守各种交际的准则来保证其交往成功，并且一旦建立了对话的基本规则，交际的双方便能在这些规则所规定的范围内获得充分的自由空间。交际的过程也就是运用各种不同的方法来表达特定含义，并实现预期目的的过程。在交际过程中，双方都需要掌握必要的规则，这不仅要求他们具备规则的应用能力，还需要他们具备灵活应变的能力，学会"举一反三"。然而，用文字来描述这些交际技巧是相当困难的。在对话过程中，规则不只是对行为进行限制与设定。在交际中，双方都应深入了解社会的真实情况，并以此为基础按照交际情境及时协调自己的行为。

在意义协调者的观点中，规则可以被划分为两种类型：一个是制度性的规则，另一个则是调节性的规则。制度性规则描述的是在某一特定语境当中，人们是怎样解读某一行为的，以及怎样从一个层面的意义出发对另一个层面的意义进行充分解读。制度性规则的存在让人们有能力去解读他人发言的目的。因此，我们可以把它看成一种修辞手段。例如，对父母、孩子或恋人说出"我爱你"这句话时，它所传达的意义是有所区别的。在各种不同的关系背景下，人们遵循各自的规则，因此交际双方会基于关系的具体类型或者情节细节，对对方所传达的信息进行解读。显然，在交流过程中，制度性的规则有助于人们更准确地理解意义。调节性规则主要指对某一行为作出不同程度上的解释，从而影响他人或自己的态度，是人们在一定程度上根据自己的主观意愿来调整话语中的各种关系或概念，以实现某种目的，是人们交际过程中所采纳的一系列行动，这些行动有助于为对话指明方向。尽管制度性规则为人们提供了解释意义，但它们并不直接指导人们的行动，相反，调节性规则为人们的行为提供了明确的指导方向。由此可知，制度性的规则与调节性的规则存在显著的差异。

皮尔斯与克罗农的意义协调理论旨在深入研究交流者的精神状态，以及交流者是怎么科学管理意义的。意义协调的理论建立在交际的基石上，为不少学者提供了有益的启示，并且在社会语言学中得到广泛运用。意义协调理论涉及的范围十分广泛，不仅能用于个人沟通，还能应用于人与人之间的交往。现今，这一理论已被广大研究者用于多个研究领域，如交流、家庭等。意义协调理论强调交际双方的相互交流和理解，并将其看作一个动态过程，而非静止不变的结构。意义协调理论虽然有不少的优点，但仍有部分学者对其进行了批判。以戴维·布伦德斯（David Brenders）为例，他并不同意"意义源于个人的内在体验"这一观点，并且把个人的生活世界是一个由不同人组成的复杂整体作为自己的主要论点之一，"人们拥有共享的语言，那不是私人的产物，而是共享的象征意义的中介"[①]。在这个意义上，他主张交流中的使用规则也应该有自己的独特性。皮尔斯和克罗农持有的观点是，对话中的规则因人而异，而戴维·布伦德斯则觉得这种看法过于笼统，没有充分体现其社会意义与属性。布伦德斯在分析社会语境时，将社会情景作为一个整体来研究，忽视了个体之间的差异性，从而忽略了对具体场景的关注。然而，我们不能忽视这一理论在帮助我们更好地理解和认识社会环境中规则的关键作用。

二、面子—协商理论

（一）面子—协商理论的前提假设

面子与面子工作是普遍存在的，然而在不同的文化背景下，人们怎样定义或理解面子的具体意义，以及怎样进行面子工作存在差异。丁允珠经过综合分析和研究总结了面子—协商理论的基础假设，主要包括以下几个方面：

第一，在各种文化背景下，人们都在努力维护与协商面子。

第二，在某些特定的场合或者情境中，交际者的身份受到质疑的时候，"面子"这个词的定义变得尤为复杂。

第三，文化中的个人主义与集体主义，以及大小权力差距等因素，对面子工作的行为、主题等产生一定的限定。

第四，个人主义或集体主义在某种程度上决定了自我导向工作，同时也对他人导向面子工作的偏好起到决定性作用。

第五，成员对于垂直型或水平型面子交流的偏好，大小权力距离起着决定性的作用。

第六，在特定的文化背景下，文化变量的维度，再加上个人、关系以及情境的因素，均会对特定的面子工作行为产生影响。

---

① 刘戈.当代跨文化交际发展研究 [M].长春：吉林大学出版社，2020：39.

（二）面子—协商理论的应用

1. 个人主义与集体主义文化与面子工作

个人主义文化作为文化模式的一种，主要是由相对松散的个体构成的。在这种模式下，个人将自身视为一个独立的集合体，同时认为个人目标应该优先于他人目标。个人具有自主性和独立性，不受社会规则的约束。个人主义的文化观念主张，个人的身份地位高于集体的地位，个人的权益高于集体的权益，个人的需求也高于集体的需求。个人主义文化与传统主流意识形态存在一定程度上的对立，但又具有很强的兼容性和包容性。一般情况下，个人主义文化被归类为低语境文化，也就是说在个人主义文化当中，意义传达对特定语境的依赖程度较少，反而对人们言语表达十分依赖。因此，个人主义文化具有较强的主观性和不确定性。代表性的个人主义文化的国家有美国、英国以及其他西方国家。

集体主义文化作为文化模式之一，实际上是一种由相对紧密的个体构成的。在这种模式下，个人将自身视为一个更大的集合体，或者更多集合体的某一部分，并且强调集体目标应该优先于个人目标。集体主义文化与个人主义文化有着本质上的区别，它比较侧重于群体义务高于个人权利，群体需要高于个人欲望。集体主义文化对人类生活方式产生了深刻影响，也深刻影响着语言交际活动。一般情况下，集体主义文化是高语境文化的一部分，也就是说在集体主义文化中，意义传达对语境的依赖程度很高，反而对言语表达依赖程度较低。因此，集体主义文化具有较强的语用特征，这也就使得它能够很好地适应不同文化背景下的交际活动。

个人主义文化和集体主义文化在面子观念和解决冲突的方法上有着显著的不同。事实上，面子可以分为消极的和积极的两种类型，其中前者指的是人们追求的是一种不受束缚、独立自主的形象，个人主义文化追求的就是消极面子；后者指的是能使别人产生值得信赖的感觉，并且受到尊重以及受到人们欢迎，集体主义文化追求的是积极面子。消极面子具有一定的破坏性，而积极的面子则能给人们带来很多益处。消极面子涵盖了"挽回面子"与"留面子"两个方面，其中"挽回面子"意味着追求个人的自由和个人空间，以防止他人侵犯个人的自主决策权；"留面子"就是在自己的范围内保持与对方关系的相对稳定，同时也意味着尊重他人的自由和空间。有学者认为，无论是"留面子"还是"挽回面子"均是"消极"或"被动"的，这是因为这种面子的主要目的是保护自己最基本的尊严，而不是控制或支配他人。

　　积极面子同样包括两个方面，其中一个是"要面子"，另一个是"给面子"。"要面子"意味着面子具有非常高的价值，人们在群体中生活有各种各样的要求，如被保护、被接纳等。它强调面子的重要性，可以给人一种归属感，使个人获得某种满足感，因此被看作最合适的选择。在行为动机上，"要面子"表现为一种追求成功的需要，而群体包容则反映了群体中存在着一种共同认可的价值观念，即群体成员之间相互认同。"给面子"这一概念旨在激励、支持和满足人们对于被社会接纳和得到认可的各种需求。在现实中，人们经常把面子问题看作一种社会现象。从心理动机的角度看，消极面子追求的是"个体自治"，追求"群体包容"。众所周知，不同的文化背景塑造了各种维护面子的策略，从而产生了处理冲突的不同方法。在以群体价值为导向的高语境文化中，人们追求积极面子，解决冲突的策略通常包括友好协商等，即通过持续地"给面子"，使人们的"面子需求"得到充分满足的同时，顺利将冲突解决。人际互动中，不同的价值观取向决定着不同的态度和行为。在以个人价值为导向的低语境文化中，人们通常会追求消极面子，处理冲突的策略大多是整合、解决问题或者以竞争的方式来争取独断的权威。集体主义文化和个人主义文化的处理冲突策略都有其各自的合理性和局限性。

　　2. 权力距离与面子工作

　　权力距离与权力分配比例有关，但也受其他因素，如经济发展水平等影响。在权力距离较小的文化群体中，人们更倾向于保护以及维护自己的个人权益；在权力距离较大的文化群体中，更多地承担着某种程度的责任和义务。

　　3. 不同文化间的冲突管理

　　实际上，无论是个人主义、集体主义的文化观念还是权力距离，这两个不同的文化维度均会对人们处理冲突的方式产生一系列的影响。此外，个体的性别和年龄等也对他们的冲突性应对策略有一定程度的影响。处理冲突的方式主要可以归纳为以下几类：逃避、迎合、妥协、控制以及整合。这些冲突处理风格都与自我面子相关，但它们之间并不存在明显差异。自我面子其实与控制策略、面子工作行为是紧密相连的；他人面子与整合、逃避等面子工作行为有着不可分割的密切关联；相互面子在某种程度上与整合策略面子工作行为有着密切的联系。

　　在个人文化群体的社会化进程中，人们会在潜移默化中培养出面子行为与冲突风格，这可以解释为不同文化背景下个人对自己社会角色认同程度上差异的反应方式。个人主义与集体主义的文化观念以及权力距离构成了识别文化差异的两个核心方面。个人主义文化和集体主义文化的成员，分别倾向于使用自我导向、他人导向的面子维护策略，其中前者用控制策略来更好地维护自身利益；后者则用逃避策略来确保人际关系的和谐稳定。个人与交际对象之间的地位差异会影响到两种类型的面子工作行为。

面子—协商理论在推动跨文化交际研究的进步方面发挥了不可或缺的作用。面子—协商理论引起了大量跨文化交际研究人员的兴趣，并且进行了多种形式的调查和研究，取得了一些重要的发现与进展。因此，面子—协商理论为我们提供了巨大的启示。丁允珠将这一理论引入中国的文化语境中，并对其加以阐释，对该理论以及其相关的概念进行了非常明确的阐述，这也使该理论的适用范围和界限变得非常清晰。另外，该理论还能够帮助我们理解不同文化背景下人们所表现出的各种社会行为方式，如面子策略等。然而，面子—协商理论也有其固有的局限性。举例来说，面子—协商理论对中国文化背景下个体与群体间关系的分析不够全面，而这又会影响到该理论在实际应用中的有效性；个人主义文化与集体主义文化在面子工作和冲突处理方式上的差异是一个关键领域，但面子—协商理论无法充分地解释或阐明这些文化上的不同。简而言之，面子—协商理论为学者和专家们提供了一个全新的角度，以此来更深入地理解跨文化交流，并为其提供综合考虑怎样克服不同文化间沟通障碍的契机。

三、谈话制约理论

（一）谈话制约理论的内容

1.对于明确性的关心

对明确性的关心意味着交流中的个体能够通过一句简单的话语，使其意图变得更为明确和清晰。明确性不仅是一个重要的语用学概念，也是语言学习者和研究者普遍重视的话题。在会话的基本原则里，明确性被人们视为特别关心的一个议题。在会话语境下，语言使用者将表达明晰的意图作为其语用目的，而不需要借助任何指示或明示来传达意图。举例来说，当说话者想要传达指令时，他们能够采用祈使句，例如"请将钱归还给我"。

2. 对于如何将强加事物降低到最低程度的关心

谈话的制约大多集中在话语是否可以有效地防止对听话者的自主行为能力或行动自由的干预程度上。它通常表现为在对话中，在说话者有意让听话人服从于自己的意志或意愿并使之产生积极效果的情况下，听话者接受其所表达的思想内容。这类谈话制约通常包含许多较为抽象的观念，其中"消极礼貌"就属于这一范畴，其主要目的是防止对他人施加不必要的命令或意图，所以这种谈话制约通常被视为一种用于维护听话者消极面子的方法。

3. 对于避免伤害他人情感的关心

当说话者提出请求的同时也会思考自己的行为，可能对听者的情绪产生一系列影响。在某些情况下，说话者希望听话者对其要求给予一定的回应和满足。所以，避免伤害他人感情的关心，意味着说话者有义务帮助听话者保持一个积极的自我形象。这种义务通常表现为对对方的尊重和保护，而不是为了获得对方的信任。比如，保持积极面子实际上是采用相对恰当的方式来尊重对方的情感状况；使用语气不稳定的祈使句可能会对他人的感情造成伤害。另外，如果说话人希望获得某种特殊利益时，就会在一定程度上阻碍听话者的行为。那些忽视这种谈话制约的说话者，通常只专注于实现他们的真实意图，而对与听话者之间关系的维护以及进一步发展视而不见。

4. 对于避免使听话者形成负面印象的关心

这样的对话限制意味着说话者故意不让对方对自己产生不良的看法或评判。这种谈话制约是一种语用策略，而不是认知机制，它与话语中所使用的语言形式有关。实际上，一个交际者对自己的认同是基于自己认为他人对自己的看法。当他们在社交场合中被别人评价为不受欢迎时，会导致说话人产生消极情绪体验。所以，在社交场合中，交际者通常会尽量避免那些可能导致他人对他们产生负面评价的行为，这种谈话限制与布朗（Brown）和列文森（Levenson）的看法相吻合，也就是说话者均希望可以在交际的过程中始终保持自己的积极面子与良好形象。

5. 对于交际有效性的关心

交际有效性是决定谈话方法和策略选择的关键因素。当一个说话者为了实现特定的交际目标而采取某种行动时，他们比较关注的是这些交际目标是否可以顺利达成。交际效果就成为衡量说话者言语运用成功与否的重要指标之一。判断说话者的交际能力，通常是基于其追求的交际目标是否能够有效地实现。因此，交际有效性成为衡量一个人语言运用水平高低的重要指标。尽管交际的有效性不是衡量交际技巧的唯一准则，然而它揭示了在社交互动中谈话制约的核心地位。

（二）谈话制约理论的应用

金（King）的一个主要研究内容就是如何在跨文化交际中做到"恰当"和"有效"。以往的跨文化交际理论虽注意到"恰当"和"有效"的重要性，但是忽视了如何达到"恰当"和"有效"。

他认为无论在何种文化情境中，社交"恰当性"和"有效性"的本质特点都是一致的。但是，对于已经习惯于不同社会传统的人们来说，达到"恰当"和"有效"的手段却不尽相同。"恰当"和"有效"这两个因素只适用于解释某一种文化之中的交际行为，因此二者在跨文化交际的过程中，则显得过于宽泛。

对此，金给出两种解释："首先，在任何文化中，都会存在为取得成功交际而对避免负面评价和取得有效性的不同程度上的关心。但是，文化之间是存在巨大差异的，导致不同文化看待和评价有效性的方式和标准存在巨大差异。另外一种解释是，在五种谈话制约中，在某些文化中，某种或某几种谈话制约是显而易见的，但是如果转换到另外的一些文化之中，这些显而易见的谈话制约就会和其他的谈话制约发生混淆。"[1] 例如，有时当人们想要降低他人的负面评价并提升交际有效性时，对于明确性的关心，对于如何将强加事物降低到最低程度的关心，对于避免伤害他人情感的关心这三种谈话制约就会与前两者发生混淆。

此外，金在交际策略的选择中解释了跨文化交际的差异性。他尝试将集体主义文化和个人主义文化的差异同谈话制约联系起来，即比较集体主义文化和个体主义文化中，人们对谈话制约使用所存在的差异。

针对不同的文化群体，他进行了调查研究，目的在于发现不同文化群体在交际行为的结构和内容的认知上存在哪些差异，其中主要关注的是在谈话过程中，人们有何种关心。通过研究，金针对谈话制约和个人主义与集体主义文化的关系，形成了几点认识。虽然个人主义文化和集体主义文化都注重这五种谈话制约，但是不同的文化对于这五种谈话制约的偏爱程度却存在差异。集体主义文化更倾向

---

[1] 金荣渊.跨文化能力：交际与跨文化适应的综合理论 [M].戴晓东，译.上海：上海外语教育出版社，2014：54.

于使用社会关系型谈话制约，即集体主义文化成员注重对他人的关心，注意避免伤害听话者的情感，并尽量不把意见强加给听话者；个人主义文化更倾向于使用任务导向型谈话制约，即个人主义文化成员注重谈话的清晰明确（如信息被清晰表达的程度）和交际的有效性。

金提出集体主义文化成员在交际过程中，更注重关系问题。较之个人主义文化成员，集体主义文化成员更注重面子，他们对面子的要求标准更高，会选择能够最大化面子支持的策略。与之相反，个人主义文化成员比集体主义文化成员在达成目标的过程中，对信息传递的明确性和交际达到的有效程度的要求更多、门槛更高。

目标追求过程中，依赖型自我阐释的个人比独立型自我阐释的个人更看重不伤及听者感情和尽量少地强加意见于人；独立型自我阐释的个人比依赖型自我阐释的个人把透明度看得更重要；具有双重自我阐释类型的个人则同时看重关系限制和透明度限制。

此外，金的另一个独到之处是采用被认可的需要、控制的需要以及社会性别角色等来阐释谈话制约。个体越渴望赞同，他们就越尊重听众的感情，越不把意见强加于人；个体越渴望支配，他们就越强调透明度。

金的谈话制约理论对于跨文化交际的研究做出了巨大的贡献，他有效地吸收与借鉴了前人的观点，形成了独到的视角。他把语用学中的谈话现象与跨文化交际有机地结合起来，研究角度具有创新意义，为后人的研究提供了良好的基础。尤其是他将同一交际过程中的调节文化变异性及个人层面的因素融合成一体，在他随后的研究中，有支持文化层面的，有支持个人层面的，更有对两个层面的效果进行比较研究的。

第二节　跨文化交际的本质

在跨文化交际的过程中，不同的国家、民族由于文化差异而导致文化冲突的现象时有发生。这些文化差异表现为观念体系、规范体系、认知体系和心理体系的不同以及文化相对主义和民族中心主义。文化不是为了导致人类社会的冲突存在的，而是为了满足人类的精神文明需要。不同国家和民族的文化要想在世界文化大家族中更好地生存，还应该保持文化包容的优良品质。

一、文化差异、文化冲突、文化包容

即使人类频繁、深入地沟通，不同文化空间中的异质成分也是难以消除殆尽的，只是越变越小。也就是说，文化差异是客观存在的。正是由于文化差异的存在，也就有了跨文化交际中误读的存在，这种正常的误读可能引起剧烈的文化冲突。因此，对文化差异的关注，自始至终都是跨文化交际的本质和立足点。

（一）文化差异与文化误读

1. 看待文化差异的正确态度

由于文化差异的客观存在，文化之间要达成理解和共识，需要经过长时间的磨合与调整。深刻认识文化差异，对于解决跨文化交际中的诸多问题提供了大量的帮助。面对文化差异，人们需要做出主观上的努力，找到自己和这个世界的可持续发展途径。

事实上，随人类历史成长起来的所有文化中，存在着一些共同的文化要素，如观念和规范等。这些相同之处有助于实现不同文化之间的相互融合。自 1949 年起，乔治·默多克（George Murdock）的研究团队就开始从世界各地的民族志资料中总结人类共有的文化要素，他们建立的"人类关系区域档案库"就证明了这一点。从生物学意义上来讲，人类都是有着共同起源的现代智人种，文化隔阂是相对的，而且大都是不同群体对不同自然和社会环境适应的结果。因此，这些方面的研究告诉人们，在关注文化差异的同时，不能仅强调文化差异，这样会掩盖文化之间的共性，引起不必要的焦虑或其他消极情感，也不利于正确地理解现实，进而造成知识和观念的"虚假的普遍性"。

2. 文化误读

所谓的文化误读实际上是在理解与评价另一种文化的过程当中，基于自身的社会规范、观念体系等，与事实相偏离。即使在同一文化内的交际中，误读也是存在的，只是在跨文化交际中这种正常的误读会被放大，进而引起人际关系的恶化。

（1）文化误读产生的原因

不同的国家和民族有着不同的语言结构、社会历史背景、风俗人情，并且可能有着不同的政治和意识形态。这些都可能导致文化误读。在跨文化交往中，除了文化的深层结构会造成误读，读者自身的知识背景、社会身份等也是造成误读的因素。其中，由于知识背景导致误读的现象最为普遍，这主要是因为不同的文化解释者在知识的深度和广度上是不同的。

与此同时，在跨文化的交流过程中，任何参与者对于不同文化的看法，均很难摆脱其文化背景的限制。当人们对自身的文化感到非常满意时，通常会通过在异文化中寻找相似点来证明自身的优越性，从而忽视了异文化的独特之处；相反，当人们不满于当前的文化现状时，大多希望从异文化那里找到解决自身矛盾的钥匙。

（2）文化误读的意义

虽然说文化差异导致误读，但误读也是有意义的。文化误读可以对异文化进行补充和扩展，或者将异文化中某些潜在的、不易察觉的特征展现在世人面前。正是因为不同文化间的不可译，不同文化之间才会对彼此好奇，才会相互吸引，从而进一步相互交流。

（3）文化误读的分类

文化误读可以分为积极误读与消极误读两种情况。

①积极误读

积极误读是指主体文化从客体文化的角度来审视自己的文化，进行自我批判，并且虚心向其他文化学习。文化误读在一定程度上体现了人们不断向异文化靠拢的努力。通过对艺术或人文作品的误读，人们的想象力可能会被激发出来，灵感也可能由此迸发出来。中国文化进入西方文化的过程，就是通过伏尔泰（Voltaire）、歌德（Goethe）等学者的改写和误读完成的。当积极的误读叠加到一定程度，就会经历从量变到质变的飞跃，带给彼此正确的认知，创造出新的意义，丰富异文化的内涵，体现出本土文化的主观能动性。总之，高度一致的解读可能带来僵化，误读也可能以促进双方的进步。

②消极误读

消极误读是主体文化排斥客体文化，带着对自身文化的优越感轻视客体文化。黑格尔（Hegel）就是一个明显的例子。他曾以古希腊艺术为绝对标准，表达了对印度乃至整个东方艺术传统的蔑视。

（二）人际冲突与文化冲突

1. 人际冲突

在跨文化交往中，不同的文化对交际过程和结果有着不同期望，这就导致了一种矛盾的存在，因此就表现出了人际冲突。

在一个人的内心世界，存在着各种思想之间的冲突，更何况在不同的国家、民族之间，冲突当然是很难避免的。由此可见，小到一个人，大到一个群体，基本存在人际冲突。不同文化之间的人际冲突大致分为以下五种取向：

第一，回避。在一些文化中，如西班牙文化，回避被视为解决冲突的有效途径。人们可以通过缄默或者转移话题的方式来回避冲突。

第二，调节。它主要是指通过满足对方的需要来避免冲突。这种方式只适合于一些文化。

第三，竞争。这种处理冲突的取向经常可以在希腊文化中看到。希腊人将直接讨论看作生活习惯。

第四，妥协。为了达到双赢的效果，有些文化中的人会通过妥协达成折中的结果。

第五，合作。这种取向注重实现每个人的目标，并认为以协商和平等的方式解决冲突是上乘之选。

2. 文化冲突

由于文化差异的存在，跨文化交往可能会引发文化冲突。在此，文化冲突是指两种或两种以上的文化在交流中，由于各种分歧而造成的一方文化对另一方文化的暂时或长期的排斥及否定现象。文化冲突不仅表现在观念体系上，还表现在外显的规范体系上。如果两种文化在外在的衣食住行方面存在分歧，那么在道德意识方面多数存在矛盾。通常情况下，文化冲突是在日常交往中潜在进行和积累的，并且是在较长的一段时间以后才能显现出来。

（1）文化冲突的表现

文化冲突是一种普遍现象，由于文化的民族性、封闭性，文化冲突显得越来越难以解决。但是，文化冲突与暴力的严重程度之间，并不存在直接的正相关。

文化冲突还与资源和权力的分配有着一定的关系。从这个意义上说，文化冲突也是一种竞争，即为改善生存环境而进行的竞争。在任何社会中，总是存在利益发生矛盾的一个群体和另一个群体，并且在解决这种矛盾的同时又催生了新的利益集团，从而必然导致新的冲突。

文化冲突可以表现为多种形式，如不同文化群体之间的排斥、敌意、偏见和歧视等。文化冲突还包括文化抗争以及强势群体与弱势群体的利益冲突。在一个国家和一种文化的内部，文化冲突是社会冲突的主要内容。

（2）文化冲突的积极意义

在一些社会学学者那里，冲突也被称为"社会对抗"，也就是意味着"发现共同利益，说出不同的看法"。在一定程度上，冲突有着积极的意义。人类拥有着复杂的生活要素，冲突就是其中的一个要素，它有助于培养社会的健康心智及道德感，是促使人类向文明迈进的最初动力。因此，一些文化学学者将文化冲突视为社会变革和文化发展的主要动力，并认为文化冲突为文化发展提供了机会，使文化特性得以保存和延续。

但是，有了文化差异，并不一定就有文化冲突。面对文化冲突，不同文化都应该作出调整，改变自己熟悉的行为模式，努力找到修复关系的办法，并且通过合作来获得一定的利益。否则，冲突有可能恶化，并且导致彼此关系的终结。在全球文化的大家族中，每一种文化都要自我反思、批判，包容多样性的文化意识形态，学会和其他文化共存、融合，并且学会预测、控制发生在不同条件下的文化冲突。因此，一些抱有文化共存理念的学者，对如何处理文化冲突提出了各种建议。1795 年，康德（Kant）提出了著名的"永久和平论"，指出人类在保持自身文化特质的条件下，可以通过理性的手段在对话中实现永久和平。这一理论表达了人类社会的善良愿望与进步法则。后来，汤因比（Toynbee）、费尔南德·布罗代尔（Fernand Braudel）等陆续发表了相似的见解，都强调文化冲突是暂时的，文化之间的互相学习和融合是人类文明进步的根本动力。人类不断增长的智慧和良知以及新思想的传播，有助于不同文化中的人们更快速地超越冲突，维护共同的利益。

（三）文化包容的条件和价值

文化包容其实是文化在其发展过程中对其他文化的先进元素进行持续地吸纳，以实现自身的持续发展和生存。文化包容是不同文化交流的重要条件，也是民族文化从地域性文化向世界性文化发展的前提条件。在现实的文化交流中，文化包容是有条件的。文化包容对世界历史的发展具有重要的价值。不同民族或国家的文化只有包容才能求得共存与发展，才能形成更为紧密的人类命运共同体关系。

1. 文化包容的条件

文化不是为了冲突而产生和存在的，而是为了满足人的精神需要而产生和存在的。文化随着精神需要的发展而不断发展，只要文化能够满足并推动人类精神需要的进步，就应该被世界所包容。不同的文化背景，因其成长的环境和所处的社会历史环境的差异，以及创作者的不同，都可能导致文化之间的冲突。这种冲突既可以表现为对某种事物或观念上的分歧和对立，也可以表现为在价值取向方面的矛盾与斗争，更重要的是还包括人们的心理状态与思维方式等多方面因素。考虑到不同文化间的碰撞与冲突，不同文化之间的包容才是人类社会文化发展的大势所趋。文化的包容性是在文化的发展与交往中形成的。

文化包容是有条件的，必须将文化包容放在大的历史条件和现实环境中去理解。文化可以具有包容性，并不意味着文化可以无所不包。一种文化有自身的价值立场和发展需要，这就决定了一种文化可以包容的东西有哪些。一种文化所能包容的文化，必定有利于维护自身的价值立场和发展需要。所以，文化是有选择性地包容，其选择包容的是其他文化的先进成分，对于落后成分应该坚决抵制。从这个意义上来说，文化的包容就是一种择优性的选择。文化的包容性，也是文化自信的表现。一种文化的包容性越大，就说明这种文化越自信；反过来，一种文化越自信，它的包容性就越大。在条件允许的情况下进行包容，不仅有助于维护和强化自己文化的独特性，还能为自己的文化注入新的成分，从而促进文化的持续创新和进步。

2. 文化包容的价值

黑格尔指出，"人类历史的发展必定导致世界历史的形成"[①]。人类的历史发展在某种程度上超越和摆脱了地域限制，从而在潜移默化中逐渐成为利益相关的命运共同体。在文化全球化的大格局之下，引领潮流的世界性文化不再单由某个国家或民族来创造，而是由更多主体来创造。因此，文化全球化是世界文化创造主体和世界文化元素的多元化。如今的时代已经呈现"你中有我，我中有你"的局面，倡导文化包容。文化只有具备包容的品质，世界上不同国家和民族的文化才能在共存中达到更多的一致，进而使世界上各个国家和民族联系得更加紧密。在人类文化发展史上，封闭的文化会被推到边缘地带，并且阻碍世界历史的前进脚步；那些包容性强的文化才能推动世界历史发展。

包容性的文化比较能够接受其他文化中的先进成分，因此能够较好地发展，这种文化更易于被其他文化所认同，从而有极大的可能性从具有地域特色的文化

---

① 斯蒂芬·霍尔盖特.黑格尔导论 [M].丁三东，译.北京：商务印书馆，2013：113.

逐渐向具有全球影响力的文化过渡，最终成功转化为推动和促进全球文化发展的强劲动力。从根本上讲，一种文化之所以缺乏包容性，是因为文化创造主体的思想狭隘，并且这种封闭的文化也会影响生活在其中的人们的思维方式，使他们也变得狭隘，缺乏开放精神，难以接受其他文化，从而导致世界在文化上的割裂。因此，过于强调世界上的文化冲突，不利于世界文化的发展，只有包容性的文化才有利于推动世界文化的车轮滚滚向前。

二、文化的观念体系与规范体系

（一）文化的观念体系

所谓的文化观念体系指的是文化在其发展过程之中形成的，对外部世界、自身以及人与外部世界关系的基础理解与观点。每个人都会形成对事物、人和生活的看法，然后人们的行为和活动会在无意识中受这些看法的影响。文化的观念体系包含世界观和价值观。

1. 世界观

世界观是人们对包括自然界、社会和人的精神世界在内的整个世界的总看法，代表了不同文化最为根本的思想基础。文化从诞生起，就有了自己的世界观。人们生存在世界上，要进行满足生存需要的劳动实践，还要进行满足精神需求的社会活动。在这一过程中，人们就形成了世界观。因此可以说，世界观不仅影响着文化中人们的认知和行为，还进一步影响着民族的政治、经济的发展。世界观差异是导致文化差异的主要根源，并由此导致了人们感知和思维等方面的差异。所以，从一种文化的世界观，人们可以预测这种文化的其他方面。

（1）人与自然的关系

①中国"天人合一"

在长期的农业劳动实践中，中国人很早便领悟出宇宙的整体性，并逐步形成了"天—地—人"的整体宇宙观，即"天人合一"。在此基础上，人们提出了阴阳、五行的初步概念。秦汉时期，以儒家为核心、以阴阳五行为框架，综合道、法、墨、兵、农、名家之说，充实了"天—地—人"的整体宇宙观。在两宋时期，作为中国哲学综合时代的产物，理学的核心是"天—地—人"的统一和谐。"天人合一"的整体思维，是指认识对象与认识主体的互相依存、互相包容。在人与自然的关系问题上，中国的文化理念明确地强调了对自然的尊重和善待，倡导人与自然之间的和平共生，并自觉地将情境的融合、天人合一等相关理念作为文化追求的最高标准。

②西方"天人二分"

西方先民通过航海贸易求得生存，而航海贸易需要随时迎战狂风恶浪，一不小心就有翻船葬身海底的危险。因此，西方人认为人和自然是尖锐对立的，自然界总是与人作对。由于生存本能的驱使，他们对自然持有严肃的态度，这也催生了西方"天人二分"的世界观。西方文化总是拿人的尺度去强加给自然，从而导致人和自然的紧张关系。

（2）人与社会的关系

①中国群己合一、中庸和平

在中国原始社会，农业生产力低下，剩余产品不足，所以人们为了求得生存就聚族而居，形成了以血缘为纽带的封建宗法社会。由于这种宗法社会解体不彻底，如今依然有许多以姓氏命名的村庄，村子里的人大多有亲戚关系。

儒家所提倡的"中庸"或"中和"理想，是个体在思想行为上的节制、适度与守常，最终在原则和个性的协调中达到一种"和而不同"的辩证理想境界。

②西方人我二分，崇力尚争

西方"人我二分，崇力尚争"的民族文化性格可以从充满残酷斗争的古希腊神话中看出来，因为古希腊神话是西方文明的源头。另外，作为古希腊的一个重要城邦，斯巴达对身体与力量的崇拜相当强烈。西方文化这种竞争的传统不仅体现在军事和政治领域，更体现在商业和经济领域。

2.价值观

价值观是文化中包含情感和认知的稳定成分。

中国人在日月交替等现象中产生了"万物一体""天人合一"的意识。这种意识也体现在人与人之间的关系上，因此中国人群体意识强，强调集体利益高于个人利益。中国文化认为双数是很吉利的数字，人们喜欢在双数的那天办事，如结婚就选择双数作为良辰吉日。汉语中有关双数的词语往往都是褒义的，如"好事成双""双喜临门""六六大顺""十全十美"等。

西方绝大多数哲学倾向和流派都强调"主客二分"，把主体与客体对立起来。所以，西方人从一开始就用各种方法征服自然，强调个人奋斗的价值。

（二）文化的规范体系

规范是调整人们的行为及关系的原则，要求社会中每个人的行为都要符合社会利益。所以，规范也可以叫作"社会规范"。规范使社会系统得以正常运行，是影响人类活动最强大而无形的社会控制形式之一。不同的社会规范体系是文化差异的主要方面，每一个文化成员从诞生之日起就在适应本文化群体中代代相传的规范体系，逐步做到与这些规范确立的行为模式保持一致。规范可以划分为制度、礼仪和习俗。

1. 制度

制度是一定社会组织在某个社会活动领域的各种基本规范的综合，包括社会关系和社会行为。由于制度是由社会或社会组织确定的，因此制度属于社会中最稳定、最基本的规范。制度保证了社会的正常秩序，是社会存在的根本所在。

（1）制度的要素

制度包含原则、奖惩与权威三种要素，三者缺一不可，否则无法实现制度的基本功能。

①原则

对于原则而言，制度规定了社会成员的权利与义务，这种规定是外部强加的规定，并且社会如何规定成员的权利与义务，需要与成员的社会身份相匹配。

②奖惩

奖惩是制度的本质，因为制度是社会对一定社会关系与社会行为后果进行处理的基本方式。原则是确定奖惩的依据，原则中倡导的部分是奖励的对象，原则中禁止的部分是惩罚的对象。倡导与禁止的中间地带是容忍，容忍程度的高低反映了一种制度的弹性。

③权威

权威是组织与机构彰显的精神力量，在制度中始终存在。例如，在人类早期社会，氏族制度的权威来自氏族组织；在阶级社会，权威来自一般组织以及专门的机构。

（2）制度的类型

依据社会的活动领域，制度可划分为如下五种类型：

第一，政治制度：它实际上是一个集合，涵盖了各个社会阶层在国家政治结构中的地位和相互联系，以及在行政管理、公共秩序维护等多个方面的基础准则。

第二，公共制度：它集合了由政府部门运营的公共事业以及针对个体提供的直接社会服务的基础准则。

第三，经济制度：它集合了生产资料的所有权、产品的分配等多个方面的基础规范。

第四，文化制度：它是思想观念的创作与运用的基本规范的总和，包括对教育、科技、哲学、道德、文学、艺术等方面的规定。

第五，私人制度：它集合了关于婚姻、生育等多个方面的基本规范。

不同的文化会在这几个方面体现出差异，并且制度的变更反映了社会历史的发展，因此可以依据制度来理解文化和历史变迁。

2. 礼仪

礼仪主要是针对人际交往而设定的一些行为规范，包括仪式、礼节等，目的在于使彼此能够和平共处。礼仪的发展也是人类文化发展的一种记录。礼仪源于原始社会中对神的敬意表达，在奴隶社会和封建社会发展为对社会上层结构和统治者的敬意，又在近代社会发展为对人的尊重。

不同时代、地域、民族、国家的人们，对礼仪坚持不同的看法。中国素来有"礼仪之邦"的称谓，由此可见礼仪在中国的地位，并且古汉语经常将"礼"和"仪"单独使用，其中"礼"几乎包含着所有的生活规范。由此可知，中国传统社会中的"礼"不仅影响着政治和公共领域，还左右着日常生活，可以说涉及面相当广阔。尤其是儒家提倡"以礼治国"，形成了博大精深的礼学，成为中国传统文化模式的重要特质。在中国，"礼"与民族生活和民族精神融为一体。

3. 习俗

习俗是人们在日常生活中的行为模式，是人类最早形成的规范，并且不受法律的制约。习俗一旦形成，就具有很强的稳定性和延续性，它的传承主要依靠信仰、心理需要和习惯来支撑。习俗对人们有一种强大的约束力，并且有着极强的感染力，指引着人们的社会行为。遵从习俗一般会得到两种积极的效果：一是得到乐趣，二是被周围人接纳，获得归属感。在一种环境中，如果大多数人遵从习俗，而某一个人不遵从，则会很快感到对环境的不适应。习俗是个体成为社会成员的资格证，人就是在潜移默化中成为合格的社会人的。禁忌是习俗重要的组成部分，是指不能接触的事物和不能谈及的事情。学者们普遍认为，禁忌的对象包括事物和事情两个方面。至今，禁忌因为历史的悠久和复杂的背景而难以确定源头，但这不影响它对社会成员的约束。禁忌的危险虽然是人们想象的，但这不影响它的真实性，禁忌的作用犹如地心引力对人的作用。

（1）习俗的类型

习俗包含以下七种类型：

第一，惯例是社会生活中人们共同遵守的某种规定。

第二，社交庆典是为进行集体交往和娱乐而定期出现的习俗，如竞技、赛会等。

第三，在日常生活中，人们的饮食习惯、居住环境等都被称为日常格调。

第四，人生礼仪是一种按照个体生命进程而周期性出现的传统习俗，包括但不限于生日庆祝、结婚典礼等。

第五，禁忌是在社会活动过程中产生和延续的习俗。

第六，岁时节令是一种随着时间流逝而周期性出现的重要传统习俗，例如我国的春节、元宵节等。

第七，原始信仰指的是人们基于共同的愿景或信仰而形成的行为习惯，如我国农村的祭灶习俗。

（2）禁忌的特点

禁忌作为社会规范，大致有以下四个方面的特点：

第一，人们无法明了禁忌是如何产生的。

第二，禁忌作为文化要素之一，受到文化观念体系的影响。

第三，禁忌作为心理和行为上的"禁区"，使得群体成员强力回避、遵守和捍卫它。

第四，禁忌的维持主要是依靠信仰和心理需要，并且破坏禁忌的后果涉及的也是心理。

不同的文化有着不同的禁忌，因此禁忌也是文化差异的要素之一。

三、文化心理学与认知体系

（一）文化心理学的研究思路

文化心理学实际上是当代心理学在文化变迁中涌现的一种独特研究方法。它从人与文化互动的视角来分析人们的心理现象和行为，其理论取向为文化人类学、文化社会学、文化哲学以及文化政治学。从文化心理学的角度看，人类心理活动源于符号系统，并且高度依赖于社会组织系统。在运用心理把握世界、改造世界的过程中，人们的心理经过不断的发展成为文化世界的重要组成部分。我们所生活的文化背景，实际上是一种意向性的世界，我们持续地在其中寻找深层的意义和资源。探寻意义与资源的过程会影响人的心理，而人的心理又反过来影响意义与资源的探寻。文化心理学主要研究的就是人如何解释意向世界。文化与心理是相互建构、互为因果的关系，据此可以将文化心理学的研究思路分为以下四种：

第一，价值途径：文化塑造决定了某一特定群体的价值观念。

第二，自我途径：文化群体和文化群体之间的认同结构存在着不可分割的联系。

第三，语境途径：文化被视为一种生态背景和环境，它对人们的思维方式和认知机制起着决定性的作用。

第四，理论途径：个体的自身文化在社会化的进程中形成了特定群体的认知论，研究这种认知论可以帮助人们更深入地洞察和认识文化之间的差异性。

文化心理学的兴起符合心理学的发展要求，但是一个时期以来，文化心理学也遭到了文化建构主义心理学的批评。文化心理学仍然是西方经验主义的产物，它缺乏向主流心理学的主要理论发起挑战的能力。

（二）文化认知体系

1.思维模式

（1）螺旋形和线性思维

①中国人的螺旋形思维

中国人在观察事物时，一般采用散点式思维方式；在看待事物时，比较注重通过自身的思考来获得思想结论。这是因为在中国人的思维模式里面最重要的因素是整体性，将事物作为有机整体来进行概括性的研究和探索，这体现了一种螺旋形思维模式。螺旋形思维模式呈现出曲线或圆形，且循环上升，具有明显的间接性。中国人的这种思维模式必定也会在他们所使用的语言上表现出来，因此汉字很容易勾起人们对现实世界里事物形象的想象或联想。中国人在思考或进行语言表达时，经常喜欢重复使用某些词语或句式，甚至汉语里还有"重复"这一修辞手法；汉语句式结构重心多半在后。

②西方人的线性思维

西方的思维模式最引人注目的一点是它注重个体性，习惯于把复杂的事物分解成单独的要素，然后各个击破，单独进行逻辑分析，注重形式论证。在观察事物时，采用焦点式思维方式，思维模式呈线性。西方人坚持"天人相分"的理念，这是他们看待人与自然的关系的态度。所谓"天人相分"，意思是指事物之间相互独立，并且事物的状态是随时随地在改变的，这就体现了西方人的线性思维模式。因此，西方人在长期使用线型连接和排列的抽象化文字符号的过程中，思维线路逐渐发展成直线型，具有明显的直接性。

（2）内倾型和外倾型

①中国人的内倾型思维

中国文化是典型的农耕文化，发源于黄河流域，是一种内倾型文化。这就使中国人强调以人为本，有较强的主体参与意识，认为只有人才能做出有意识的动作，把主观上的情感与现实中的客体描述杂糅起来，进而输出有情感、有思想的语言表达。这种思维模式可以追溯到道家"天人合一""万物与我为一"的哲学思想。这表现在汉语句式上，就是汉语句子的执行主体是人或者是有生命的词语，动作则以人或者有生命的词语为中心展开；用人称作主语的时候较多，习惯于使用主动语态。在表达时间、地理位置、组织系统、人物方面，汉语的排列顺序也是从大到小。

②西方人的外倾型思维

这种文化可以追溯到"天人相分""主客相分"的西方哲学观。这种物本文化注重客观事物和现象对人的作用，人类应该运用科学方法认识自然、改造自然。所以，用英语说明事物时习惯于从小到大、从个体到整体，多用"非人称"主语，被动语态和主动语态并重。

（3）和谐与竞争

①中国人的和谐思维

中国传统哲学以"天人合一"为最高境界，以和谐、统一为最终目标，并且儒家的"中庸"思想，也主张社会各个方面的和谐一致。这还得从中国古代的生存环境和历史条件说起，从中寻找中国人和谐思维的根本原因。中国是农业大国，在中国的传统思想中，重农轻商、重本轻末。中国古代社会中流传的一个说法是"士、农、工、商"，从这一排序就可以明显地看出商人的地位，商处于最末。中国古代社会形成重农思想的根源主要在于古代人以农耕为主，依据河流而生，长期处于一种自然的经济状态中。从事农业需要天时、地利、人和，因此中国人在长期的农业生产中形成了合作与协调的思维。例如，"远亲不如近邻""家和万事兴"等都是对和睦、和谐的推崇与追求。

②西方人的竞争思维

从社会经历的发展历史可以看出，西方社会所表现出的典型特点就是"重商主义"。个人想要获取财富，实现自己的理想，只有通过不断竞争才能实现。因此，西方人有强烈的竞争思维。作为社会中的一分子，个人只有通过竞争来获取资本以及各种机会，人应该勇于面对和接受各种挑战，将自己放在与他人竞争的同等位置，从而充分激发自身的潜力以及战斗力，通过行动来追求速度、结果、效率。西方人非常推崇达尔文（Darwin）所提出的进化论思想，"物竞天择"是西方人的人生信条之一。

（4）整体性与分析性

①中国人的整体性思维

太极动而生阳，静而生阴，在动静交替中产生出阴阳。阴阳相互对立、相互转化。事物总是在阴阳交替变化的过程之中求得生存、发展。从哲学上分析，阴和阳之间的对立关系又进一步发展为对立统一的关系。中国传统哲学不讲究分门别类，而是追求浑然一体，注重整体的关联性思维。

宇宙间的各种事物表面看来无穷无尽、各不相干，实际上都以某种关系相互联系着，并保持着本身固有的特性与发展规律。儒家与道家在春秋战国时期分别从不同的视角出发，形成了一种有机统一的思考方式与思维模式。先秦哲学强调人是一个完整系统，在这个系统中各部分之间既相互区别又相互依存。整体性的思维模式将人和大自然、人间秩序和宇宙秩序、个体和社会视为紧密相连、相互依赖、和谐统一的整体。这种思维方式是由"天人合一"的哲学观所决定的，也反映在对天人关系的认识上。中国整体的思维模式是基于阴阳的互依、互根，进而发展出中庸之道。和谐是人类追求的理想状态，而这种理想境界又以"和而不同"为前提。中国人擅长识别事物之间的冲突，同时在这些冲突中寻找共同点，从共同点中寻找矛盾，以实现整体的动态均衡。中国人习惯于从总体上把握整体研究对象，注重宏观判断，由此逐渐养成了力求圆融的原始辩证思维方式。

②西方人的分析性思维

17 世纪以后，西方注重分析事物的因果关系，而不再注重事物的相互关联。把自然界分解为各个部分，并认真研究生物体内部的多种解剖结构，因为这也是人们充分认识和理解自然界的前提条件。分析性的思维方式清晰地界定了主体和客体、人和大自然等之间的差异，并将它们视为对立面。

分析性思维体现在以下两个方面：一是把复杂的事物分解为具体的要素，把各要素割裂开来、孤立起来，然后深入考察各要素的性质、联系，从而为了解整体及其要素的因果关系提供依据；二是从一个完整而不是孤立、变化而不是静态、相对而不是绝对的辩证角度，对复杂的世界进行综合分析与探讨。

（5）直觉性与逻辑性

直觉是体会出来的，逻辑是推论的。

①中国人的直觉性思维

中国传统思维注重直觉，强调体验、灵感和领悟的作用。因此，中国人通常借助直觉体验从总体上模糊地把握事物的本质。当直觉思维建立在逻辑思维的基础上，并与之融合时，它的创新能力和创造性就有可能得到充分发挥与展现。在人类社会发展进程中，直觉思维能力是不可缺少的重要因素之一。直觉思维在中国的文学、美学等多个领域产生了深远的影响。

②西方人的逻辑性思维

作为形式逻辑的创始人，亚里士多德（Aristotle）提出了演绎推理的三段论和整体的形式逻辑结构，这使得逻辑性成为西方思考模式的显著特点。逻辑思维被不少西方学者和专家认为是一种基于理性的思维方式，它强调分析和实证，并借助辩论和论证的方式，对事物进行全面的认识与理解。

西方中世纪时期，人们依然主要运用形式逻辑的模式。15 世纪下半叶，自然科学的发展进一步推进了形式分析思维模式。17 世纪，英国哲学家培根（Bacon）充实了形式逻辑的内容，建立了归纳逻辑的基础。此后，19 世纪英国逻辑学家穆勒（Mueller）将培根的这一思想发展为探求因果联系的五种归纳方法。归纳法与演绎法相结合，使形式逻辑的内容大体完备。17 世纪，笛卡儿（Descartes）、莱布尼茨（Leibniz）试图用数学的方法来处理逻辑问题，促进了数理逻辑这门科学的诞生。19 世纪末至 20 世纪初，一些著名的数学家兼逻辑学家建立了数理逻辑这门科学。

数理逻辑采用了一套具有完整性和科学性的人工符号语言，以此来描述逻辑的结构与规则，将思维的探讨转化为符号的研究，也被专家称作"符号逻辑"。以唯心主义为主的黑格尔在 18 世纪末到 19 世纪初，构建了辩证逻辑体系，以唯物主义为主的马克思（Marx）、恩格斯（Engels）则对黑格尔的辩证逻辑进行了深刻的改革，从而奠定了逻辑学与科学哲学之间关系的基础。到目前为止，西方产生了多种逻辑工具，如形式逻辑、数理逻辑等。近代以来，逻辑学逐渐从哲学中分离出来并成为一门独立学科，同时在自然科学领域得到广泛应用，如数学物理方法、计算机科学、物理学、化学以及生物学等。

2. 民族性格

民族性格其实是某一种文化中大部分成员性格结构的中心要素。民族性格推动着民族群体的共同行为和共有观念，并且以其固有的强大力量把民族成员的性格塑造成固定模型。学界存在很多有关民族性格的说法。由于不同的地理环境、社会历史、风俗等因素的积累，不同的民族就形成了不同的民族性格。可见，民族的历史越悠久，性格就越稳定、越丰富。民族性格的形成虽然有先天原因，但是后天的时代变迁也能影响民族性格。民族性格中的某些部分是由体制和时代环境造成的，当这些因素改变了，民族性格也会随之改变。民族性格的缺点和优点就像一枚钱币的两面，彼此不可分割。

3. 态度

态度表现为一种持续的、以统一的方式对待特定对象的习得性倾向。所以，态度一旦形成，就会对人产生持续性的影响。态度由认知、情感和意动三部分组成。其中，认知部分是指个体对态度对象的带有评价意义的观念。情感部分是指人对某些人或物的评价、爱好和情绪反应。意动部分是指态度中的行为意向成分，反映了个体行为的准备或预备倾向。意动成分受认知和情感成分影响。定式和偏见作为态度的两大核心形式，均反映了人们基于其社会与文化背景对特定事物的理解、感受以及行为偏好。

（1）定式

定式是对外部事物进行简单分类的感知过程的最终结果，能够将其看作一种相对简化和粗略的事物识别态度，因此也被称为"刻板印象"。在跨文化研究的视野中，定式是在群体同质性的基础之上，对其他文化群体特征的过度概括，通常夸大群体差异而忽略个体差异。定式相当于一种过分简化的意见和不加鉴别的判断。由于环境的复杂性，人们无法亲自去认识所有人和事物，因此就创造了这样一种简化的认识方法，将某个群体的成员都纳入预定的形象之中。定式对于人们的信息加工是有一定的加速作用的。

定式主要分为社会定式和文化定式两种类型。社会定式可分为思维定式和行为定式，前者指人们头脑中稳定的认识，后者指习惯的行为模式。文化定式同样能够划分为两种不同的类型：其中一个是自定式，另一个是他定式，分别反映了对本文化、本群体以及其他文化、其他群体的固有认识和形象概括。

一种定式能在多大程度上产生影响取决于信息量。人们得到的信息量越少，就越可能依赖定式，定式发挥的影响就越大。定式的存在不一定是坏事，我们不能简单地消除定式，否则就会迷失方向。关键问题在于要努力使定式更准确、具体，而且承认个体差异，这种定式便能发挥积极作用。

定式的特点包括以下四个方面：

①指向性

它是指该定式是持肯定态度还是否定态度。

②强度

它针对的是定式的强弱程度。

③具体性

这是指针对比较具体的定式更容易找到解决的办法，也能以非常明确的概念进行思考。

④准确性

它指的是定式描述其他群体时具有的准确度。

（2）偏见

偏见主要是对特定群体的偏离事实的、不成熟的判断，也是人们固有的否定性态度，也难以改变。

有学者把偏见划分为如下五种类型：

①公然型

它是指公开展示对其他群体的厌恶和歧视，并且还有可能采取暴力手段。

②自负型

它是指贬低其他群体，低估其他群体的价值观、处事方式、专业技能或社会能力。

③象征型

持有这种偏见的人通常会否认自己有偏见，但会担心关系现状受外群体的干扰。

④门面主义型

这是指意识到内心对其他群体的消极情感但不承认，并且会通过表面文章掩饰。

⑤若即若离型

它指的是在没有本群体的成员在场时可以与外群体成员和平相处，但当有本群体的成员在场时就冷落外群体成员。

有多种原因会导致偏见，如生理、社会化、社会利益和经济利益四个方面。在生理方面，当人们面对陌生环境时，神经上的焦虑感会迫使人们采取相应的行动。偏见能够简化认知过程，并使人及时采取相应措施。在社会化方面，传统和传媒对偏见形成的影响最大。传统的影响是指偏见是从已有的习惯性态度中继承过来的。偏见一旦为群体所接受，就会对个体产生巨大的影响和压力。传媒的影响就是指外界宣传的形象影响着人们的反应。社会利益对偏见形成的影响包括三个方面：首先，持有偏见可以得到相似人的支持；其次，一个群体越想维护自身的社会地位，就愈会排斥其他群体；最后，偏见可以是优越感的来源。在经济利益方面，偏见的强烈程度与竞争激烈的程度呈正相关。

由于偏见产生的基础和定式很像，因此较强的定式可能会演变为偏见。定式和偏见一样是从文化中继承的。定式中有符合事实的部分，也有不符合事实的部分，不符合事实的定式就是偏见。

第三节　文化休克现象与预防

一、文化休克的概念

文化休克是在 20 世纪 60 年代，由美国人类学家奥博格（Oberg）首次提出来的。它主要是一个人在首次进入一个和其民族文化截然不同的全新文化环境后，由于失去了熟悉的社交信号或符号，对新的社会符号感到不熟悉，从而产生的一种"深度焦虑";是一个人在步入陌生的文化背景后,由于丧失了所熟知的社交标志和工具,从而产生的迷茫、困惑、反感乃至恐慌的情感。文化休克在多个维度上都有所体现,具体如下:

第一,疲劳是由于持续的心理调适所导致的。

第二,由于失去了朋友、社会身份等,产生了失落之情。

第三,无法接纳新文化的成员或者被成员拒绝。

第四,当涉及角色的时候,人们对于角色的价值观、情感体验以及对自己的认同都感到迷茫。

第五,当感知到文化上的差异时,人们可能会感到震惊、紧张,甚至产生反感和愤怒。

随后,哈瑞斯(Harris)与摩兰(Moran)的学术探索为文化休克的研究提供了全新的视野。在这一视角下,他们分别对移民群体进行了跨文化心理分析和行为分析,从而揭示了移民社会中普遍存在的文化冲击问题。他们强调,当人们从外国回到自己的故乡时,可能会遭遇一种文化上的反向冲击。这种反冲击大多是来自人们对于自己民族文化传统的认同危机,或者是来自对异域社会环境中生活方式的不适应。这种文化上的反向冲击通常体现在人们返回祖国后,更加怀念在海外结识的新朋友,或者因为失去了海外业务为他们带来的名誉和利益而感到遗憾。这种反向文化冲击大多伴随着对原有文化传统的怀疑、否定甚至是彻底颠覆。反向文化冲击的明显标志是对其文化的强烈批判。

二、文化休克的经典理论

(一)"U"形曲线模型

当人们步入非本民族的文化生活或学习目标语言文化时,他们会遭遇文化上的碰撞,并经历从不适应到逐渐适应的转变。当这种不适应性达到一定程度时,就会产生一种文化休克现象,即在不同语言之间出现了一个跨文化交际障碍——文化休克。换句话说,文化休克展现了一个"U"形的曲线,如图 2-3-1 所示。

"U"形的曲线是文化休克最具代表性的特点。举例来说,当一个旅居者初次踏入一种新的文化时,其心情是非常激动的。当他发现这种新文化并不适合自己,便产生了强烈的不安和恐惧心理。在这一时期内,旅居者与本地居民之间的互动相对较少。当他进入一个新的文化后，由于缺乏经验，对该文化缺乏了解，因此产生强烈的新奇感，并由此引发一系列心理反应。随着时间的推移，当旅居者试图与当地居民建立更深层次的社交关系时，他们会逐渐感到新奇，语言上的困惑开始浮现，并伴随着困惑、误读、挫败、孤独和焦虑等多种情感。当他们发现这种生活方式不能适应新的环境后，就会感到非常困惑甚至绝望。之后，居住在这里的旅居者开始学习如何结交新朋友，对当地的社交环境有了更深入的了解，并且他们的心情也逐步变得更加积极。

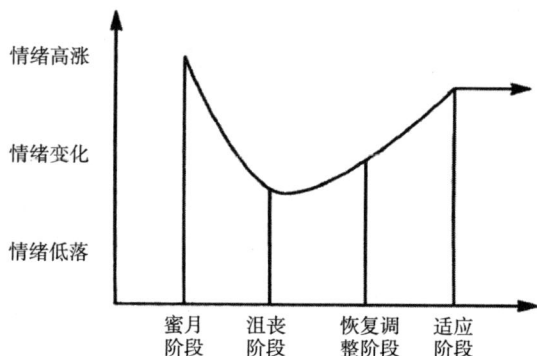

图 2-3-1　文化休克的"U"形曲线

（二）二次文化休克——"W"形曲线模型

一个人在适应了他文化之后再回到本民族文化中，可能会面临第二次文化休克。因此，葛勒豪（Gullahorn）在"U"形曲线理论的基础上，提出了"W"形逆向文化休克模型，如图 2-3-2 所示。

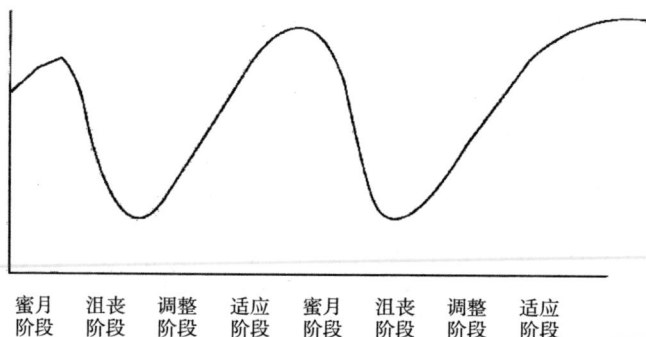

图 2-3-2　文化休克的"W"形曲线

在步入一个全新的文化领域之前，人们通常都会做好心理准备，这实际上减少了文化休克的程度。然而，当人们返回自己的祖国，他们会觉得没有必要去适应新的文化环境，而是回到了自己熟识的文化里。这种心理上的错觉容易产生一种对新文化的恐惧和厌恶之情，这种误导性的感受进一步加剧了回归文化休克症状。回归文化休克是指个体在文化接触后出现的一系列心理和行为反应。与身份认同相关的是回归文化休克。在不同文化背景下的人，由于所处的社会地位和经历不同，其身份认同也有所不同。当身份的认同开始变得不明确或出现变化的时候，可能会加剧回归文化休克的症状。在回归文化休克中，自我调整和自我实现是重要的因素之一，也就是回归文化休克患者比正常人群更容易出现心理问题，并且有较高比例的患者存在着严重的社会功能损害。葛勒豪进行了回归文化休克的实证研究，并据此得出了一个观点，那就是表现出明显回归文化休克症状的人与回归文化休克症状不太明显的人之间的主要差异在于个体的调节机制。

三、文化休克的阶段

（一）新奇阶段

新奇阶段的持续时间为一到两个月。在新奇阶段，人们会由于接触到新的语言体系和文化环境而感到兴奋和好奇。因此，文化休克现象在新奇阶段并不明显。

（二）沮丧阶段

在沮丧阶段，人们由于无法与非本民族文化的人顺利交流而感到焦虑和厌烦，容易在人际交往中表现出彷徨、紧张和挫败的情绪，从而出现跨文化交际受阻、人际交往不顺等问题。沮丧阶段持续几周到几个月不等，在此期间心理上的压抑情绪还会导致身体疲倦、头疼或厌食等不良反应。

（三）恢复阶段

在经历了彷徨、迷茫之后，人们会逐渐适应新的文化，并自觉针对文化休克现象寻求解决办法，主动了解新的文化。在恢复阶段，跨文化交际能力得到大幅度提升，跨文化交际活动基本顺畅。

（四）适应阶段

到了适应阶段，人们的烦躁、焦虑等情绪渐渐消失，取而代之的是对新的语言环境的适应和对新的文化背景的接纳。在这一阶段，人们能够利用第二语言与当地人进行流畅的交流。

四、产生文化休克的原因

（一）价值观念的差异

价值观念的不同，是导致文化休克最根本的原因。价值观的差异会导致不同国家对同一事物有不同的理解，从而导致人们在跨文化交际过程中出现误会甚至冲突。例如，虽然日本和中国都奉行儒家的"仁义"之道，但是中国人对"仁"的理解是"仁慈、和谐、平衡"，认为人和人之间的相互关爱、尊重与宽容是"仁"的精髓；而日本人对"仁"的理解则更趋向于"礼"，认为在社会上要长幼有制、尊卑有序，并以强者为尊。如果交际双方不能深刻理解彼此在价值观念上的差异，就难免在跨文化交际中产生隔阂，阻碍双方的顺利交流。

（二）语言习惯的差异

语言在一定的历史背景和人际交往的过程中产生，能如实地体现一个国家或地区的文化特征。因此，不同国家或地区的语言习惯通常存在巨大差异，即使是同一词汇，也会具有完全不同的含义，从而在跨文化交际中引发文化休克现象。例如，汉语中的"你"适用于一切第二人称，并且在同一辈分或同一级别的人之间的使用十分频繁；然而，在日本，"你"只适用于亲密的恋人或夫妻之间，在与其他人的交往过程中用"姓氏＋职务/敬称"等形式来代替"你"。一个简单的"你"字，在中日交往当中就存在如此巨大的差异，可见语言习惯对跨文化交际的影响之大。

（三）风俗习惯的差异

不同的风土人情和风俗习惯也是导致文化休克的重要因素之一。例如，在我国，农历五月初五的端午节是重要的传统节日，人们以赛龙舟、插艾草和吃粽子等形式来纪念爱国诗人屈原；而在日本，这一天却是"男孩节"，是属于男孩子们的节日，其庆祝形式是在门窗上插菖蒲，并在院中悬挂鲤鱼图案的旗帜。如果在跨文化交际中不了解这些风俗习惯上的差异，就很容易造成沟通障碍，产生文化休克。

（四）思维方式的差异

同一国家的人在长期的共同生活、学习和工作之中，形成了固定的思维方式，而这种思维方式，也容易导致跨文化交际中文化休克现象的产生。在跨文化交际中，如果交流双方不了解彼此的思维方式，则很难理解对方的真实意图，就容易引起文化休克。

五、文化休克的表现形式

（一）言语行为

言语行为指的是人们通过语言表达出来的各种行为，例如在日常的社交互动中，人们之间的恭维、寒暄等均有各自独特的言语表达方式。因为文化背景的不同，不同国家的人在交往时，很容易在言语行为上产生误解。在汉语中，人们通常以"你"或"你的"作为赞美词的开头，在英语中人们更倾向于以"I"（我）作为赞美词的起始。这是因为两种语序都可以使说话者表示对受话者的尊重。从这一点可以看出，不同的思维模式会导致语言和文化的差异。

值得我们关注的是，不同的民族文化中可能会有一些相似或一致的元素，这被称为文化的耦合现象，这种相似性在言语行为中会得到淋漓尽致的体现，从而赋予言语行为可被翻译的特性。更明确地说，汉语里的部分语言在英语里可以找到相应的表达方式，英语中的某些词语在汉语中也能找到相应的表达形式。同理，在汉语里，英语里的某些单词和句子也能被准确地表达出来。因此，如果将一些相近的语词用一种特定的语言表达出来，就可能形成一个新的概念，即文化的耦合度。举例来说，在汉语里，表面上看起来善良但内心充满恶意的人被称作"披着羊皮的狼"，在英语中这种说法也被称为"wolf in sheep's clothing"；在英语中，"we are in the same boat"意味着"同舟共济"等。这种文化上的耦合现象有助于英语学习的正向迁移，并促进跨文化交际。但是，由于不同民族在多个方面存在显著差异，如地理、民俗等，从而导致言语行为具有一定的不可翻译性，这意味着某些句子在被翻译成其他语言后可能和原始句子的含义有所"不同"，进而失去其原始的意义。

（二）非言语行为

所谓的非言语行为指的是除了言语行为之外的各种交际方式，例如手势语言、体态语言等，是通过身体动作来传递信息的一种无声而又重要的信息传递手段。在整个交际过程中，非言语行为起到了至关重要的作用，它是交际活动中的一个核心部分，与话语有着密切而复杂的关系，可以说非言语行为构成了一个完整的交际系统。早在2000多年前，中国的古代哲学家孔子就对非言语交流给予了高度重视，并且提倡人们应该通过各种姿势来进行有效的人际交往，同时强调在人际交往的过程当中首先要"观察言辞和表情"，以及根据观察到的人来采取相应的姿势。中国古代社会由于受儒家文化影响很大，所以非言语行为在人际关系中占有重要地位。人们在面对本文化中的非言语交流行为的时候经常"习焉不察"，但对于其他文化中的非言语行为表现出极高的敏感性，尽管这也可能导致理解上的误区。中国人历来讲究含蓄和礼貌，他们善于通过自己的言行来表达情感、态度或观点，从而使别人能从自己身上感受到某种信息，获得一种心理上的满足感。例如，在中国文化中，沉默在对话中扮演着至关重要的角色，他们相信沉默背后隐藏着深厚的意义，并拥有一种"无声胜有声"的独特艺术吸引力。沉默不仅是一种无言的肯定，也是一种无声的反抗，或者是一种符合大众观点的默许。由于文化背景的差异，眼神交流的时长也会有所不同。当一个人对某个对象产生了兴趣，并且希望得到他人关注的时候，也就有了与之进行交流的意愿，这就是我们所说的注视时间。然而，长时间的凝视可能会让对方觉得受到了冒犯；如果时间太短，他们可能会觉得这是一种缺乏兴趣的表现。

与言语行为相似，非言语行为也具有多重含义。在不同文化之间进行交流时，人们使用的非言语行为有很大差异。然而，有的非言语行为即便是不同文化背景的人也是通用的，例如用于表示胜利的"V"形手势语。实际上，更多的非言语行为同其他文化存在对立意义的，或者是某一特定文化所特有的。由于不同民族之间文化差异很大，因此在跨文化交流过程中常会遇到一些非言语行为上的障碍，从而使人们难以理解对方的意思。人们有时会用一些特殊的动作来表达自己的意思，如当人们看到"OK"这个手势时，很多国家的居民第一时间会联想到"顺利、许可或不错"等词汇，但个别国家则将其视为一种卑劣和令人作呕的不道德行为。另外，握手被视为对他人的尊重和友善的标志。当被介绍时，人们通常会与对方握手表示友好或者问候。但握手在拉丁美洲的一些地区可能被视为不正当的行为。一些国家的人喜欢把自己的手势作为一种礼貌用语使用，以表明他们对某人的尊重和重视，而不是直接表达自己的意愿。上述示例充分展示了非言语行为如何真实地反映一个人的态度、心理过程和价值观。非言语行为可以帮助人们了解自己，认识世界，也有利于建立良好的人际关系，提高工作效率，甚至影响整个社会。在人际交往中，若人们没有充分认识和深入理解某些非言语行为，或者根据自己的民族文化使用了不适当的非言语行为，那么非常容易让他人产生误解。

六、文化休克现象的影响

（一）消极影响

所谓的文化休克描述的是一个人在进入新的文化或亚文化的时候，突然失去了熟悉的社交符号以及象征，从而突然产生的一种担忧与困惑，这种状态可能让人们感到不适应或者不舒服。在这种情况下，个体就会出现一种"我"与他人之间缺乏沟通，无法建立信任关系的现象。熟悉的言辞、手势等在个体成长期间已经融入了其日常的生活中，人们通过这些信息来维持自己的心理平衡。当一个人置身于一个陌生的文化背景中，那么所崇尚的价值观在其他文化中通常会被忽视，这直接导致了人们因无法确定自己的位置，最终产生焦虑、沮丧等情绪。如果不能正确判断这种文化，就很难理解它给人带来什么，也无法接受这种文化，因而会陷入文化休克的怪圈之中。人们在这一时期开始对新文化产生不满情绪，对传统文化进行理想化处理，并用偏见和定式的消极态度对新文化进行评价，这种现象被称为文化休克。文化休克这一现象在不同程度上影响了大部分首次接触其他文化背景的人，那些经历文化休克的人通常会有思乡之情、心情低落等症状。

（二）积极影响

文化休克除了带来了负面、消极影响之外，同时也带来了正面、积极的影响。事实上，文化休克标志着社会或者个体在文化背景下的初始变革。文化休克使个体意识到自己已经失去了原来的自我认同，并由此产生了"文化断裂"现象。文化休克为跨文化群体提供了一个适应新环境和学习新文化的平台，人们通过适应以及学习的过程，更有勇气去面对和应对各种挑战。因此，文化休克也成为跨文化学习者获得成功所必须具备的能力之一。作为学习体验和经历的一种，文化休克有助于高度的自我认知和个性发展。我们不应简单地将文化休克视为一种疾病，而应将文化休克视为跨文化学习的经验。

七、预防文化休克的策略

预防文化休克的策略有很多，下面从心理策略、意识策略、能力策略和知识策略四个方面对预防文化休克进行阐述。

（一）心理策略

要想克服跨文化交际中的文化休克现象，保持良好的心理状态至关重要。在跨文化交际中，要始终保持以下心理状态：

1. 乐观

大多数人在面临文化休克的时候都难免表现出紧张、焦虑的心理状态，这时候就要始终提醒自己保持积极乐观的心理，用开朗豁达的心态面对和解决这些问题，培养和提升自己虚心学习、大胆交流的信心和勇气。

2. 耐心

克服跨文化交际中产生的文化休克现象是一个漫长的学习、适应和调整的过程，不能操之过急。只有始终保持耐心，时刻丰富自己的文化知识，调整自己的语言习惯和思维模式，完善自身的知识结构，才能使自己尽快适应对方的语言和文化，确保跨文化交际顺利进行。

3. 细心

在跨文化交际的过程中，要细心留意对方在语言结构、文化背景、思维模式等方面存在的差异，并及时作出调整，使自己尽快克服文化休克，融入新的文化环境。

（二）意识策略

1. 跨文化交际意识

跨文化交际意识，主要是指摆脱原有文化体系、道德标准、语言习惯和思维定式对自身的干扰和束缚，对不同国家、地区和种族之间存在的文化差异有充分的认识和正确的理解，并抱着包容和尊重的态度，接受和融合其他国家的文化，避免出现文化休克。

2. 文化整合意识

伴随着不同国家和地区之间文化和经济融合脚步的加快，无论是东西方文化之间，还是不同国家的文化之间，都存在着相互分离又相互统一的关系。这种关系使不同文化之间相互影响，相互作用，共同发展。因此，要想克服文化休克，就需要具备文化整合意识。具体来说，就是在学习、掌握和应用其他国家语言，了解、熟悉和研究其他国家文化的同时，对落后的文化进行剔除，对先进的文化进行吸收。这样一来，不仅可以促进本民族文化不断进步，而且可以有效避免文化休克。

（三）能力策略

能力策略主要包括三个方面，即提升认知能力、文化移情能力以及行为能力。

1. 提升认知能力

认知能力主要是指在解放思想、开阔眼界的基础上，用全新的角度来认识问题和解决问题的能力。延伸到跨文化交际当中，就是要加强对对方文化的学习和对对方国情的了解，在客观、全面、深入地了解对方的文化背景、语言特点、思维模式和风俗习惯的基础上，站在对方的角度审视问题、进行交流沟通。例如，在与日本人交往的过程中，我们发现日本人在用餐之前都习惯郑重其事地说"我开始吃了"。在了解了日本的文化背景之后，我们就应该在与日本人交往的过程中自觉尊重这种文化，使双方在和谐友好的基础上进行交流和沟通。

2. 提升文化移情能力

（1）文化移情的概念

语言学者久野暲（Susumu Kuno）将移情这一概念应用到语言学的研究中，它是说话者与其描述的事件或状况中的参与者或物体之间的紧密联系。跨文化交际并非只是语言之间的相互交流，而是两个不同文化间的互动。因此，在交际中不仅要注意语言层面上的差异，更要重视文化层次的差异。如果不同的文化背景的人想要顺畅地交流，就必须主动地进行文化移情。同时，应该了解影响跨文化交际成功与否的重要因素——文化差异，即如何实现跨文化交际中的文化移情。有学者认为有效的跨文化交际行为，必须经历四个阶段：一是第一次接触异国文化，对所有事物都充满好奇心，异国情调和本国文化相比有很大的不同，非常具有挑战性；二是当对异国文化的新鲜感逐渐消退的时候，人们开始意识到并不是所有的差异都是完美的，从而产生一种排斥感，甚至很难真正接受微小但有意义的文化差异；三是开始对这些细微且有深度的文化差异进行观察、分析以及反思；四是交际者在经历了好奇、排斥和深入思考后，对特定文化有了更深入的认识，随着时间的推移，他们的思维和情感逐渐与该文化融为一体。这四个阶段与文化休克的四个阶段在基本层面上是一致的。文化移情是指人们通过各种途径主动或被动接触他国和他民族文化所产生的感情反应。简单来说，文化移情意味着交际主体主动地改变他们的文化观点和立场，并且有意识地在交际过程中跳出传统的本土文化框架与模式，超越自己文化的限制，进入一个全新的文化环境，从而对另一种文化进行真实的体验、理解和领悟。因此，文化移情在跨文化交际中起着至关重要的作用，在跨文化交流中充当着桥梁和纽带，连接了主体与客体的语言、文化和情感，是一种非常高效的沟通技巧、沟通艺术以及沟通能力。那么如何进行成功的跨文化交际呢？简而言之，在与具有不同文化背景的人进行交际的过程中，应该在形式上做到真正的"入乡随俗"，同时还应该在心理层面上进行深入的"换位思考"和"设身处地的理解"。

文化移情是跨文化交际中主客体相互适应和情感沟通的重要方法。鲁本（Reuben）将跨文化交际能力分为七个要素：一是对他文化表示友好和尊敬，不消极对待对方；二是能够客观面对交际者的能力，不妄加评论，不擅自下结论；三是充分发挥主观能动性，了解对方的个性、品行；四是个人的移情能力；五是在面对不同的情景和不同的事件时，交际中的任何一方都要灵活应变；六是在交际过程中，不能某一方一直处于交际主动状态或是被动状态，要做到"你来我往"、互相交谈；七是当对方抛出含糊不清的话语或问题，抑或展现出全新的姿态时，要做到从容不迫、处变不惊。在这七个要素中，文化移情能力的重要性毋庸置疑。文化移情既立足于本土文化，又超越本土文化，能够站在对方立场理解对方的话语，促使交际成功。然而，跨文化意识及文化移情能力的培养并不容易，能否进行文化移情、文化移情是否得体、文化移情是否成功会受到多种因素的影响。

（2）影响文化移情能力的因素

人类被视为社会生物，除了与生俱来的自然特质外，人们所生活的环境、所受的教育等均构成了其基本属性。这些基本特性决定了人们在与他人交往中会表现出一种特殊的心理倾向——移情能力，并且大部分影响文化移情能力的因素是由人们后天培养出的社会特质所决定的。文化是一种潜在的力量，它可以通过潜移默化的方式对个体产生深远的影响。文化和语言并不是与生俱来的，它们需要通过后天的努力和学习来掌握。文化对人的影响既可能产生积极作用，也会带来消极后果。来自不同文化背景的人们，在他们的世界观、人生观以及价值观上通常会有很大的不同。因此，他们对某一事物有着截然不同的理解和看法，甚至会出现截然相反的意见，这就使得跨文化交际中不可避免地产生文化冲突。当人们置身于一个全新的文化背景中，其外来特质变得尤为突出，这大多体现在和该文化的主流趋势不同步，无论是宏观的思考与行为模式，还是微观的服饰、饮食习惯等，均存在着巨大的差异，从而提高了跨文化交际的难度。

然而，在所有差异中，最重要的就是价值观念的差异。文化就像洋葱，由很多层构成。最外层是人们可以看到的事物，如衣着、建筑等；透过显而易见的表层，第二层是某种文化的典型人物代表；第三层是各文化都具备的行为规范——礼仪；最后一层，也是最难理解、最深层的部分——价值观。价值观是一个具有文化色彩的结构特征，只有当遇到来自其他文化的具有另一种价值观的人，人们才会意识到自己的价值观。价值观是文化中最深层次的部分，它是一个民族、一个国家文化内涵、底蕴的集中体现。价值观的形成，使人们对人类生存的价值和意义形成了不同的看法，支配着人们的信念、态度、看法和行动，形成了衡量"真、善、美"的不同价值标准。由于不同文化价值观念上的差异，人们在最初接触到与自己文化截然不同的文化现象时，难免会采取消极的态度，从而导致文化移情的失败。

（3）提升文化移情能力的途径

文化移情能力并不是与生俱来的，它是通过后天的培育形成的。文化差异会对文化移情产生影响，而文化差异又可以促进或削弱文化移情。培养文化移情的能力并不是短时间内可以实现的，它需要在跨文化交际的过程中持续努力和逐步的积累。跨文化交际活动是一个动态发展的过程，其成功与否与文化移情能力有密切的关系。全面培养和快速提升跨文化交际能力的核心是高度重视并积极培养文化移情能力。文化移情能力又可以促进人们之间情感上的交流，增强人们对异国风情、历史、地理等方面知识的了解和运用。所以，在培养跨文化交际能力的整个过程中，应始终注重文化移情能力的培养与提升。基于此，人们应该深入了解各种文化模式之间的异同，增强在语言学习过程中对文化的敏感性，并主动地进行文化移情。

①影视作品、文学作品欣赏

电影与文学不仅是一种重要的文化展示方式，也是向全球展示本国文化的重要窗口，为具有不同文化背景的人提供了相互交流与沟通的平台。随着经济全球化进程加快，各国之间的文化交流也日益增多，影视作品成为人们了解异域文化的重要途径之一。影视以及文学作品，可以以一种非常直接的形式将一个国家的社会传统、价值观念等展现出来，通过生动的角色来反映多元的文化背景。影视作品中蕴含的文化元素对读者有着潜移默化的影响，因此要充分重视电影和文学作品之间的关联。值得强调的是，人在观赏电影或阅读文学作品的过程中，唯有充分尊重其文化传统以及民族精神，才可以对电影或文学作品所蕴含的艺术价值有所认识和理解。因此，我们必须重视对电影或文学中文化移情现象的研究。事实上，当人们欣赏电影或文学作品的时候，他们会从自己的文化视角出发，进而去深入探讨其中所蕴含的文化内涵。文化移情在这样的背景下变得尤其关键，它可以通过对作者创作意图的领会、人物内心活动的感受以及对具体情境中特定事物或情景的联想来实现。受到文化移情的影响，为了更深入地洞察作品的内涵，人们会下意识沉浸在与之相关的文化环境中，从而理解作品所传达的文化含义与信息。

中国的武侠电影是由传统武术孕育而成的，这种电影也吸引了大量外国人，他们对中国武术产生了浓厚的兴趣。武侠电影有大量精彩的场面与情节，吸引着无数观众为之倾倒。武侠电影的核心目标并不是展示谁的武艺更为卓越，而是为观众展现武侠电影的核心价值，即自我牺牲、追求完美的侠义之心，以及儒、道、佛的精神追求。中国武侠电影之所以能吸引众多外国观众，是因为它不仅表现出了浓厚的中国传统文化底蕴，而且具有独特的审美特征。但是，如果外国人对中国的文化知之甚少，那么在观赏这种类型的电影时，可能是一个"门外汉"。影视、文学中的一些经典名作蕴含着丰富的历史文化背景，可以为人们提供一个认识中国传统文化的窗口。因此，以欣赏影视、文学作品的方式，全面培养和快速提升文化移情能力之前，非常有必要认识和了解相关文化。

②体验"外语沙龙"

外语沙龙可以每周举行一次，每次选一个主题，如美食、旅游、电影等，让所有学生都参与进来，调动他们的积极性，多进行沟通交流。在进行与主题相关的话题讨论、音乐或电影欣赏的同时，还可以设计游戏环节，增加"沙龙"的趣味性。在轻松愉快的氛围中边玩边学，不仅拉近了不同文化背景的学生之间的距离，更激发了学生学习的兴趣和热情，使学生在实际交流中运用到所学知识并及时发现错误，同时在与他文化交际者近距离接触中提高文化敏感性和文化移情能力，增强跨文化意识。

③提高适应力

人与环境之间的联系可以比喻为水与鱼之间的互动，不同的水域培育了不同的鱼，而在不同环境中长大的则是具有各种文化背景的人们。在经济发展迅速的今天，人类赖以生存的生态环境受到越来越多的影响，尤其是我国改革开放以来，国内、国际环境都发生着巨大改变，使得很多原本属于自己的生存空间开始逐渐缩小。当人们踏出国界，就仿佛鱼群进入了一个全新的海域，为了在这样的环境中生存，他们需要进行自我调整，以快速适应新的生态环境。人与环境之间存在着天然的联系——生物间相互作用形成的食物链和循环系统。显然，在生理层面上，人类对环境的依存程度并不像鱼群对水域的依赖那么强烈；然而，在心理层面上，人们对周围环境的依赖程度是相当高的。不同文化背景下产生的各种社会问题无不与人类的心理密切相关。在衣、食、住、行的各个方面，均可能导致人们在心理层面上发生变化。不同文化背景下产生的各种差异，必然影响到人们对待事物和行为方式的态度，唯有当身体完全适应了其所处的生活环境，才能真正地识别和尊重文化的差异，从而克服文化方面的偏见，培养文化认同感的同时也融入其中，最终找到自己的超越之道。

3. 提升行为能力

行为能力也叫交际能力，是指在具体的跨文化交际过程中认识和解决具体问题，为双方营造轻松愉悦的交流环境，并始终保持流畅沟通的能力。日本的筷子比中国的筷子短得多，如果我们在第一次遇到这种情况的时候贸然发问，表示质疑，难免会让气氛变得尴尬。这个时候，就是锻炼交际能力的时候，对具体问题进行具体分析。

（四）知识策略

1. 加强理论学习

要想顺利开展跨文化交际，提升跨文化交际能力，需要有一系列的理论支撑。因此，要回避文化休克，就需要加强对文化适应理论、文化冲突理论和不确定性减少理论等基础理论的学习与研究，以理论研究为指导，有计划、有规律地开展跨文化交际学习与实践。

2. 加强文化学习

要想真正避免文化差异给跨文化交际带来的干扰，从根本上回避文化休克，就需要加强对外国文化的学习，对他国的经济、政治、历史、习俗等做到了然于胸，充分了解一个国家或民族的价值观念、思维方式和行为守则，并透过文化表象看到民族本质，从而避免文化休克现象。例如，要想避免与美国文化之间的文化休克现象，就应该多阅读跟美国文化有关的书，观看与美国文化有关的视频或浏览与美国文化有关的网站，提升自身的美国文化知识储备，为跨文化交际奠定基础。

3. 加强交流实践

文化休克是出现在跨文化交际中的现象。因此，要回避这种现象，就要从"交际"入手，加强与外国人的交流，并在沟通中不断发现、摸索、适应和进步，在实践中提升自身的跨文化交际能力。例如，可以通过结交外国朋友、在社交网站上与外国友人沟通等多种形式，在交流中学习、在学习中交流，不断进步。

4. 开展各项培训

目前，有很多培训方式对提高跨文化交际能力、回避文化休克大有帮助。首先，传统培训。传统培训主要是指通过理论课学习、跨文化交际讲座、电教放映和举行研讨会等形式进行培训。其次，情感培训。情感培训是近些年来兴起的培训方式，通过跨文化交际情景模拟、跨文化交际能力培训和外语能力强化训练等形式提高受训者的跨文化交际能力，避免文化休克现象。最后，实践培训。实践培训是指为受训者营造真实的跨文化交际环境，让受训者通过与来自目的语国家的人进行口语交流，并在实践中发现和解决跨文化交际中存在的问题，从而提高跨文化交际水平。

综上所述，在全球化时代背景下，跨文化交际日趋频繁，并且已经成为不可逆转的大趋势。因此，我们应该不断提高自身的跨文化交际能力，克服文化休克带给交际者的干扰和阻碍，促进不同国家和地区之间的交流与沟通，为促进国际经济发展和文化交流做出应有的贡献。

第三章　跨文化交际的影响因素

　　人作为社会生活的主体，需要不断加深对自身和他人在文化方面的认识。只有清晰地认识到自己、他人、群体、民族的文化身份，才能够"知彼知己"，与具有不同文化背景的人更好地交际。同时，近年来人类对人体生物方面的认识不断深入，以及生命科学的有关理论和实践内容的迅速发展，为人们加深对人类自身和相关文化的认识提供了更好的条件。

　　需要注意的是，只有在与他人进行交际时保持自尊自信又不妄自菲薄，同时提高自己的审美水平和认知水平，避免出现"夜郎自大"、是非不分、没有辨别标准的情况，才能在跨文化交际中有更好的表现。

　　本章以交际环境属性为依据，对影响跨文化交际的各种因素进行分析，主要包括环境因素、心理因素和语言文化因素。

第一节　影响跨文化交际的环境因素

通常情况下，环境对跨文化交际具有很大的影响。可以说，环境对跨文化交际的影响应排在首位。

1936 年，莱文（Levine）曾用 B=f（P，E）来表示交际行为及其影响因素。在他看来，交际行为（B）就是在人（P）和环境（E）这两个要素的相互作用下产生的，因此他将交际行为的形成因素限定在人和环境两个方面，并认为环境是人们交际行为的核心影响因素。

同时，莱文对环境因素作了进一步分析。他提出"环境可以被划分为两个不同的方面，即物理方面的环境与心理方面的环境"[①]。

物理环境因素主要是指自然方面的因素，如地理环境（地质及地貌）、气候环境（热带、温带或寒带等）、房屋建筑风格（庭院类开放式或小型别墅类封闭式的房屋）、是否有美丽的风景等。社会环境因素包括不同角色的人之间的关系，以及不同身份的人之间的交际联系等。心理环境因素主要是指对相关的物理环境和社会环境观察和认识的情况。

一、物理环境

环境作为"文化的调节器"，是调节文化的重要手段。

在对物理环境进行分析的时候，首先应注意这里所说的"物理"并非理科类学科，而是文科意义上的物理环境，即气候、地理等，更偏向于地理学科。

（一）地理环境

通常认为，地理环境就是地面上人们所能看到的景物、面貌等，如高山、河流和平原等。实际上，地理环境还包括一些较为深层次的内容，如山川的高度、平原的面积以及河流的覆盖程度等，这些都会给人们带来一定的影响。

在地理环境的表层内容和深层次内容的共同作用下，地理环境通常会对人类活动、人类心理以及社会行为等多方面造成影响，进而影响到人们的社会交往。

---

① 严明. 跨文化交际理论研究 [M]. 哈尔滨：黑龙江大学出版社，2009：63.

1. 我国的地理环境

中华文明发源于黄河流域，位于北半球亚洲东部大陆架，属于大陆性季风气候，土地肥沃，四季分明。农业种植是人们解决生存问题的最主要的方式，其经济形态是农耕经济，依附于土地，无须频繁迁徙。因此，中国早期的家庭、家族、族群、社会和国家都是围绕农业文明形成的。可以说，农耕文化是中华文明的典型特征，农业生产的单一性，逐渐形成了天、地、人合一的自然主义世界观，内向、和平、人治的社会伦理和人文传统。

2. 西方国家的地理环境

西方文明的主要源头在古希腊和古罗马。位于欧洲大陆东南部的希腊半岛与位于欧洲大陆南部的意大利半岛都属于半岛国家，多崎岖山地，河流短小，土地贫瘠，不适宜农业耕种；海岸线曲折绵长，濒临地中海、黑海；北经陆路与欧洲内陆连接，南经地中海与北非相望，西经直布罗陀海峡连接大西洋，东经苏伊士运河连接印度洋。这种独特的地域特征使人们不能依靠有限的土地，只能利用海洋优势发展工商业和航海业解决生存问题。因此，西方国家自然而然地形成了典型的海洋文化特征。

（二）气候环境

气候环境包括气温、湿度等，是人类生存的物理环境。它在人们的生活中起到一定的"烘托作用"，也会对人们的交际行为产生比较微妙的影响。人们把气候按照气温、湿度等方面的标准，大致划分为寒带气候、温带气候和热带气候等不同种类。在不同气候环境的影响下，人们形成了不同的生活习性。

季节或气候的变化与人的社会行为之间的关系非常密切。人的身体在不同的季节会有不同的感觉，精神状态、工作热情也会发生变化，因此人们在不同的季节或气候下的工作效率不尽相同。

（三）房屋建筑风格

首先，一座城市建筑的物理结构和内部的设计都会受到所处文化环境的影响，并反过来影响着人们的生活方式、性格及交往方式。

其次，建筑形状、材料和朝向也反映出不同的文化环境特征，而文化环境特征也会影响人们的行为。传统的西方建筑长期以石头为主体，而传统的东方建筑则主要以木头进行构架。不同的建筑材料表达了不同的思想，流露出不同的情感，体现了中西方物质文化、哲学理念的差异。从形状上看，西方的石制建筑一般为纵向发展，而中国古代的木制建筑以斗拱为主，构造出多种多样、形状各异的飞檐，呈现出不同的艺术效果，反映了儒家文化的思想。从朝向上说，中国的建筑大多坐北朝南，宫殿庙宇都朝向正南，表现出"礼"与"仁"的统一以及威严和等级的结合；传统的西方教堂一般朝向耶路撒冷所在的方向，表现出虔诚的信仰。

（四）交际空间

在以"家"为核心社会关系的中国文化中，人们习惯使用围墙、篱笆等围栏设施来保护群体或家庭的领域或利益。

二、社会环境

这里所说的社会环境是指人们的角色关系和人际关系。

（一）角色关系

1. 角色概念

（1）社会角色的概念

社会角色这一概念是人们把与戏剧有关的一系列术语引入社会学后形成的。当置身于不同的文化环境中时，就应该按照其社会期望和社会规范扮演应该扮演的角色，并通过这个角色进行交际。

（2）社会角色的划分定位

我们在企业中为企业工作时，对于企业而言，我们扮演着员工的角色；对于企业中的其他人而言，我们扮演着同事的角色。回到家后，对于父母而言，我们扮演着子女的角色；对于子女而言，我们扮演着父母的角色。如果是在学校，我们扮演的角色可能是教师、学生；如果是在医院，我们扮演的角色可能是医生或患者；如果是旅途中，我们扮演的角色可能是司机或旅客。

在人际交往中，我们的社会角色会按照我们的社会属性迅速地划分定位。只有在这些定位的基础上，我们才能被社会规则所接受，才能决定需要关注的内容与做的事。

如果不按角色所要求的标准做事，那么就无法形成合理的生活规律和生活观念，也会对整个社会的稳定造成一定的影响；而且在这样的情况下，个体会与社会格格不入，最终在一定程度上被社会所限制，甚至可能被社会淘汰。

（3）社会角色的不同标准

我们该如何对自己的角色以及角色行为标准进行规范呢？我们做到什么程度，社会才会认同我们的所作所为呢？下面将列出几个参考标准：

第一，是否对自己应当扮演的角色有准确的定位。

第二，对角色定位之后，是否具有一定的角色标准。

第三，在准确定位角色，具有一定的角色标准的情况下，能否满足角色各方面的要求。

（4）社会角色的规范功能

社会角色具有规范人们社会交往行为的作用，不仅对社会上各个成员所作所为的规范性有一定的要求，还对不满足要求的社会角色有一定的惩罚措施。其目的是让所有社会角色都达到相应的社会标准。

（5）不同社会角色的文化差异

目前，中西方的交往越来越密切，不同国家的人有更多的机会进行面对面的交往活动。在这种情况下，不同文化背景下的不同社会角色之间的交往会体现出一定的差异性。

2.角色关系的内涵

（1）角色关系的社会类型

在交际中，社会角色有上下级交际和平等交际等类型。例如，在生活中，较为正式的交际形式能够表现出交际双方的不同地位，而非正式的或较为随意的交往是朋友或其他比较亲近的人之间的交往。

因此，在与他人进行交流之前，要对自己和他人的关系以及双方的地位有所了解，并在此基础上按照一定的规则进行交流。

（2）角色关系的文化差异

角色关系的文化差异包括人际交往中的不同称呼体现出来的文化差异。在我国，人与人之间的交往十分注重称呼。如果对方是长辈，人们会使用尊称而不是直呼其名，这是有礼貌的体现。西方人在交际时则认为人与人之间没有称呼方面的上下级礼仪，学生会直呼教师的名字。

（二）人际关系

1. 中西方社会人际关系格局及其差异

（1）传统中国社会人际关系格局

我国传统社会人际关系格局一直沿用至今，其原因主要有以下几点：

①社会结构

社会人际关系的形成离不开社会结构。对于我国来讲，宗法血缘关系网络是社会结构形成的核心和基础，无论是朝代变迁，还是时代更迭，这种宗法血缘关系网络一般不会发生根本性的变化。

②伦理纲常

伦理纲常的不变性也是我国人际关系格局不变的一个重要原因。

（2）西方社会人际关系格局

西方社会的人际关系格局形成于古希腊时期，经过几千年的发展，才形成了现代西方人所遵守的人际关系格局。其具体发展历史如下：

从历史文化以及人类社会的发展来看，西方国家被海洋包围，各种原因造成的对外联系的阻断和内部矛盾不断上升，使西方国家以商业活动为起点，以武力征服为手段，以获得更加广阔的发展空间为目的。这造成了他们的血缘纽带无法维持长期的稳定，因此以财产关系，即资本关系为基础的交际纽带逐渐形成。另外，民主政治家克里斯提尼（Cleisthenes）推动了旨在打破雅典社会结构残存的血缘姓族结构的政治改革，这也对新的人际关系格局的形成产生了非常重要的影响。

2. 人际关系取向的文化类型和比较分析

一般情况下，对人际关系取向的分类和对其他不同事物的分类相似，选择的角度不同，产生的分类结果也不同。在这种情况下，结合跨文化交流的相关理论知识，本书认同中西方学者将人际关系划分为工具型、情感型和混合型的分类方式。

（1）工具型人际关系取向

一般来说，工具型人际关系是人与人之间为了达到某一目的或者是为了获得某种利益而建立起来的较为短暂、容易分崩离析的人际关系。工具型人际关系取向只是临时性的手段，不具有长期性。

（2）情感型人际关系取向

情感型人际关系是一种建立在相互信任、相互了解的基础上的关系。一般来说，只有亲朋好友才会形成这样的关系。这种关系是最持久、最稳固的人际关系，但是由于这样的关系影响颇大，如果双方之间产生矛盾就会造成情感方面的重大危机。

（3）混合型人际关系取向

混合型人际关系取向是结合了情感型人际关系取向和工具型人际关系取向的一种复合的人际关系。符合这种情感关系的人通常彼此相识，但是交往并不深入。

这种关系包含的人群数量十分庞大，如一同工作并且合得来的同事、一起学习的同学以及隔壁的邻居等都属于混合型人际关系取向。这部分人群在人际关系网络中虽不占主要地位，但是不可或缺。这样的关系能否长久地维持下去，通常由人与人之间的情感交流能否持续决定。

一般来说，在中国社会，人际交往更偏向于情感型人际关系以及混合型人际关系。

中国社会较为注重人情，在人际交往方面，对于人情的把握很重要。人们常常认为只要满足了情感，生活就可以变得有意义。

混合型人际关系对于中国人来说，是生活、发展的基本条件，是人际关系方面的上层内容和要求。

三、心理环境

（一）隐私

经济全球化的飞速发展使得中西方之间的政治、经济、文化交流变得越发频繁，但由于中西方在隐私文化方面具有差异性，因此在交际过程中难免会产生一些误会。

1. 中西方隐私文化之间的差异性

（1）基于礼貌的隐私文化之间的差异性

从礼貌的角度分析，中西方的隐私文化之间具有明显的差异性，这一点体现在多个方面。一些在中国被视作礼貌的表现在西方却被认为是侵犯他人的隐私。例如，中国人见面寒暄时会就双方的个人情况进行讨论。这在中国是一种非常普遍的现象，并且被大多数中国人认为是关心的表现。而在西方国家，人们的个人情况通常被视为隐私。

（2）基于公司的隐私文化之间的差异性

在人与人之间寒暄的过程中，中国人有时会询问他人的工作以及工资情况。然而在西方国家，就算是夫妻或者是父母子女之间也不会询问对方的工资情况。这主要是因为西方国家将工资情况视为一个人的隐私。然而，即使西方人将工资情况视为个人隐私，但是这并不代表西方人完全不会谈论工资情况。例如，同类型工作的人会通过对比工资来判断自己在工作中是否被公平对待。

（3）基于空间的隐私文化之间的差异性

中国人由于受历史和文化背景的深刻影响，在日常生活和工作中与他人共享生活空间。在我国，公共空间一般被认为是一个公共性极强的领域，人们可以在这个地方进行自由交流。然而，对西方国家来说，空间同样代表了一种隐私。

2. 中西方隐私差异历史原因分析

（1）西方个人主义价值观及其文化渊源

个人主义是西方国家价值观的核心，被定义为提倡个人行动自由与信仰自由的理论。西方个人主义价值观以个人为中心，个体的行为完全从自身的内在情感和动机出发，反对对个性的扼杀以及对个人权利的侵犯。英语中的"我"（I）永远大写就是个人主义在语言方面的具体体现。英语姓名中代表个人的名字位于姓氏之前也表现出西方人思想观念中的个人中心地位。

西方文化源于古希腊文明。追根溯源，《荷马史诗》中为个人荣誉而战的英雄就是西方个人主义价值取向的萌芽。在古希腊时期，个人主义以及个人权利、价值和自由观念与强大的集体主义相比虽然还非常孱弱，但是已经初露端倪。虽然古希腊哲学家柏拉图（Plato）在《理想国》中将集体主义的价值推向极致，否定个人利益存在的价值和意义，但是，通过柏拉图的《法律篇》可以发现，他在晚年向现实生活中的个人主义作出了妥协。古希腊思想家亚里士多德（Aristotle）对个人本性、家庭和社会经济政治制度的认识在一定程度上承认了个人权利、价值和人格平等。他认为："人人都爱自己，而且爱出于天赋。""每个人是自己的最好朋友，并且应该最爱自己。"[①] 这种认识成为个人主义价值的源头。在私人生活领域，古希腊人认为要理解、尊重和宽容个人自主作出的选择和行为。斯多葛学派对自然法理论的系统阐述影响了西方人对自身的认识，使得西方人抛开现实差别，从抽象的角度出发

---

① 亚里士多德. 亚里士多德全集 [M]. 苗力田，等，译. 北京：中国人民大学出版社，2016：213.

去认识自身。总而言之，西方个人主义价值观的产生和发展是随着西方对人的本质的认识而不断丰富并深化的，是西方文化核心价值理念不断积淀和传承的结果。

（2）中国集体主义价值观及其文化渊源

集体主义是中国价值观的核心，被定义为把集体利益放在个人利益之上的思想，强调个人对集体的义务和责任，强调集体利益至上。因此，西方人眼中的"大我"在中国人眼中则是"小我"。在中国，集体的最小单位是家庭。在家庭内，"孝"为道德规范。因此，中国人具有浓厚的亲情与家族观念。在个体与国家的关系上，中国集体主义价值观表现为国家利益至上；个体行为要符合道德规范和社会要求，同时要意识到他人的存在，顾及他人的需要和愿望。中国人个人的荣辱和成败与集体紧密地联系在一起，"先天下之忧而忧，后天下之乐而乐"[①]等，都是这一观念的体现。

中国文化建立在儒家思想之上。西汉文化的"罢黜百家，独尊儒术"确立了儒家在中国文化中的核心地位。孔子创立的儒家学说，其目的是维护国家安定、群体和谐，主张建立一种以群体主义为主要特征的社会；强调集体利益高于个人利益，个人只有克制自己，服从群体，以国家的需要为需要，才能与世俗融洽相处。董仲舒提出"大一统"的主张后，更是把这种群体意识提升到了一个新高度。

（二）时间观念

1. 不同的时间意识

农业生产无法摆脱气候的影响，"靠天吃饭""天公不作美""寒往则暑来，暑往则寒来""日中则昃，月盈则食"都说明了农耕与气候之间的关系。古代中国人结合土地耕种和气候变化的关系，对时间进行了天文学层次的研究和总结。"天干""地支""农历""二十四节气"和日晷等的发明，都是基于农耕文化对时间进行的阐述，其影响延续至今。

古代中国人认为时间具有不可逆性，这是一种朴素的自然主义世界观。其中，起点为一天的开始，终点为一天的结束，起点和终点始终在向前行进，以旋转一周为单位不断交合与重复。农业社会需要人们日出而作，日落而息，年复一年，循环往复，生生不息。早期农业生活的重复性特征，表现在时间观的取向方面，简单地说就是"执过去之牛耳"，即今日的开始，便是昨日的结束，由起点到终点，

---

① 方建新. 中国家风 [M]. 北京：中国电影出版社，2017：45.

再由终点回归起点。

西方人受海洋文化的影响，逐渐形成了线式时间观。线式时间观的运行方式是线式的，它将时间分为过去、现在和将来三个部分，反映出客观事物的形态和序列不断发展、延续的过程。线式时间观表现为未来不断走向现在，现在不断走向过去，过去不断走向更远的过去。其中，过去是已经无法挽回的事物，现在是短暂的必须珍视的事物，未来是遥远的值得期待的事物。时间文化的取向游离于现在和将来之间，迎接和面对的是将来，把握和实施的是现在，回忆和逝去的是过去。奥古斯丁（Augustin）在他的时间相对性理论中进行了这样的论述："过去事物的现在是回忆，现在事物的现在是视觉，未来事物的现在是期望。"[1] 这句话可以理解为，人们在时间面前虽然享受和体验视觉的现在，但它终归会成为一种对过去的回忆，而寄托期望的将来一定会来。

这种时间观取向又与欧洲早期科学精神的发展相辅相成，即已存在的规范和标准，被应用于现在的同时，肯定又会成为过去而被淘汰，新的事物未来一定会出现。科学没有道德，没有不可替代的真理，只有无法改变的真相。

2. 不同的时间观念

时间观念的差异塑造了不同的生活习惯。霍尔在其著作《单向记时制与多向记时制》中将时间划分为单向制和多向制，前者讲求效率，强调在一定期限内完成任务，着重于近期的计划，一个时间段只做一件事。而后者着重于长期的计划，对时间的安排比较灵活，一个时间段内可以做多件事。美国、德国和瑞士等欧美国家属于单向记时制国家。通过对比两种时间制的概念，并对中西方人的时间观念以及时间分配进行分析，作者认为中国应属于多向记时制。此外，还有很多专家学者认为，中国应属于多向记时制国家。

两种记时制的差异如表 3-1-1 所示。

表 3-1-1　单向记时制与多向记时制的差异

	单向记时制	多向记时制
综合特征	长计划，短安排，一次只做一件事，已定日程不易改变	没有严格的计划性，一次可做多件事，讲究水到渠成

[1]　徐龙飞 . 永恒之路：奥古斯丁本体形上时间哲学研究 [M]. 北京：商务印书馆，2018：77.

	单向记时制	多向记时制
形象比喻	像一串珠子，空间上的位置是一点，每个位置上只容一个珠子；像一间封闭的屋子，一次只容一人进入	像一堆散落的珠子，无所谓时间顺序和空间秩序；像一家开放的茶馆，可以同时会晤多个人
思维习惯	线性思维、线性逻辑、缜密思维、科学思维、理性思维、条块切割的思维	整体思维、全面思维、形象思维、直觉思维、情感思维、"前科学"思维

3. 不同的时间价值取向

中西方时间价值取向的差异体现在很多方面。中国人倾向于过去时间价值取向，西方人倾向于将来时间价值取向。

中西方对历史的态度体现了中西方时间观的差异。在中国，有很多这样的语句，如"前事不忘，后事之师""前车之鉴""以史为鉴，可以知兴替"等。可以看出，在中国人眼中，历史是非常重要的，能够作为向导，指引发展的道路。

第二节 影响跨文化交际的心理因素

影响跨文化交际的心理因素有很多，如刻板形象及态度、民族中心主义以及民族偏见等都是跨文化交际的关键影响因素。这些因素可以使我们对于交际行为产生一定的期待和想象。

下面对刻板印象、民族中心主义以及文化相对主义对于跨文化交际的影响进行研究。

一、刻板印象

（一）刻板印象的概念和作用

刻板印象是指人们对某个社会群体形成的一种固定的、概括的看法。刻板印象给人们的社会交往和生活有着消极和积极两方面的影响：前者包括社会认知失准、群体偏见、群际冲突和刻板印象威胁效应等；后者集中表现为能使个体迅速地获知有关他人人格、行为的大量信息，简化人们的认知过程，降低认知偏差等。

早期的研究者更多地将刻板印象与消极态度联系起来，认为刻板印象与某种社会类别有直接的关系，是对社会类别的歪曲、笼统的看法。20世纪70年代后期，人们开始关注刻板印象的积极作用，即人们能快速地从复杂的社会群体中抽离出某一群体，对其形成初步的印象。这种快速的识别方式能降低人们的认知负荷程度，简化认知方式。随着认知心理学的发展，研究者对刻板印象进行了重新的定义，认为刻板印象是人们对某个群体的一种特殊的认知结构或认知图式，这一认知图式涉及对该群体的观念和想法。与此同时，也有研究者认为刻板印象是一种具有认知图式特点的高度结构化的社会范畴。从不同学者对于刻板印象的研究中可以看出，刻板印象的研究并非仅局限于刻板印象的消极作用，随着社会范畴的丰富和多样化，刻板印象被赋予了更多的功能。

（二）对刻板印象的认识

1. 刻板印象是人类心理认知无法跨越的一步

事实上，基于心理学的角度进行分析，我们能够确定一点，即固有的刻板印象是人类在心理认知上不可避免的问题。人们对新事物的了解过程极为抽象、概括，在这一过程当中，人们主要是通过思维来寻找新事物存在的内在联系和规律。思维主要由表象和概念组成，当事物不在我们眼前时，人们脑海中会浮现与这些事物有一定关联的形象，实际上是经过多次感知后的产物。刻板印象并不是用来描述事物的单一特性的，而是用来描绘事物的宏观外形和主要特点，它是对事物的一般性和概括性的描述。从这一点来看，刻板印象的产生与表象的生成过程有很高的相似性。首先，要明确的是，刻板印象和表象都是人们在思维中对特定文化群体所塑造的印象。其次，当我们遇到不同的文化背景时，我们会本能地总结和归纳该文化群体所展现出的各种特质，这样可以帮助我们更容易地对其形成全面理解，并据此来决定我们应该采纳哪种交流策略。面对文化的多样性和复杂性，人类的认知结构要求我们识别出在与各种不同文化交会时经常出现的特点表现，从而对异质文化群体做到概括性的认识。从跨文化学者对刻板印象的定义进行分析可知，刻板印象实际上是对某些经常出现的文化属性表征的概括描述，进而形成对整体文化形象的评估。所以说，形成刻板印象的过程是符合认知规律的，也是人们理解新事物的重要途径。

2. 刻板印象是文化互动的必经环节

从文化互动的角度来说，刻板印象是必经的环节。从文化交流的视角出发可以发现，形成刻板印象的基础是两个不同文化背景的人之间有具体的交流需求。形象的概括性描述有助于提高彼此之间沟通的效率，并帮助双方制定合适的交流策略。但是，刻板印象这一概念在跨文化交际学中被列为负面的概念，这主要是因为它对异质文化群体存在偏见。事实上，互为异质文化的双方相互审视、对彼此形象进行判断难免事事准确。德国哲学家汉斯·格奥尔格·伽达默尔（Hans Georg Gadamer）提出的哲学阐释学对"偏见"的理解，给刻板印象的形成提供了理论支撑。他认为，"人的存在局限于传统之中，人对事物的理解不可能做到绝对的客观、准确"①。所以说，在行为理解中，"偏见"已逐渐被视为一个积极的元素，它是在历史和传统背景下形成的，反映了理解者对当前世界意义的认识。从这一点来看，所谓的"偏见"在刻板印象中实际上是一种积极的驱动力，主要用于理解不同的文化群体并主动去探索不同的文化，它不仅合法，而且具有理解的普遍性。

当两种文化相遇时，首先要解决"我是谁"和"他是谁"的问题，即确定交际双方的本质属性——身份。身份是关于相似和不同的概念。如果两种文化相似性较强，交际双方便更倾向于喜欢和欣赏对方；如果两种文化相似性较弱，交际双方便倾向于借助刻板印象来了解对方。因此，了解刻板印象的形成有必要先分析身份的形成。实际上，对身份的解析表明，对异质文化的刻板印象根植于文化之中。建构主义认为身份在交际双方第一次相遇前并未形成，而是在双方互动的过程中形成的，并会随着互动关系结构的改变而发生变化。虽然互动双方的身份需要在互动时才能确定，但是交际双方在第一次相遇之前确实存在身份预设，即"再现"。正如美国芝加哥大学政治学教授亚历山大·温特（Aleksander Wendt）所说："自我和他者不是白板，他们原有的特征会影响他们的互动。他们原来有着两种东西，一是物质的，表现为身体及其相关需求，二是再现，表现为一些关于自己身份的预设观念。"② 但是，人不是生活在真空里，不可能在一片空白的情况下形成预设观念，因为预设观念总是和人们已有的文化知识联系在一起，人们的世界观、价值取向、思维模式、认识方式和审美情趣等都会影响人们解释事物的方式、角度和观点。因此，刻板印象的形成离不开文化的土壤，根植于交际双方的文化。

---

① 汉斯·格奥尔格·伽达默尔.诠释学[M].洪汉鼎，译.北京：商务印书馆，2021：232.
② 亚历山大·温特.国际政治的社会理论[M].秦亚青，译.上海：上海人民出版社，2014：101.

3. 刻板印象具有合理的文化内核

异质文化的某些特性会以刻板印象的形式留存在人们的记忆中。能够留存在记忆中的异质文化的特质是那些不断重复出现的特质，这些重复出现的特质与该文化的典型特点密不可分。显然，刻板印象是人们在感受到异质文化中的典型特质后在头脑中留下的深刻印痕。文化中的典型特质通常反映了文化的价值观，因此，刻板印象最终也具有不应被忽略的合理文化内核，即能够体现异质文化的历史，反映异质文化的价值观。换句话说，刻板印象的存在能够作为我们了解特定文化群体文化价值观的中介，协助我们探寻文化形成的历史背景，并为更深入地探究某一文化的真正内涵打下坚实的基础。

（三）跨文化交际中对刻板印象的正确态度

1. 积极利用刻板印象的动态发展变化过程

如前文所述，刻板印象并不能被看作简单概念，它与身份之间存在着紧密的联系。与此同时，不管是身份的预设，或是身份的形成和发展，都会通过形象的方式存在于双方的思想中，而那些出现频率极高的形象则会在另外的文化群体的思想中建立起刻板印象。从建构主义的角度看，文化与身份之间存在着建构的联系，文化是在交流双方的互动结构中逐渐形成的，并在交流双方中起到了建构的作用。很明显的一点是，身份的不断演变意味着刻板印象也应当是一个持续变化的过程，而不是永远不变的。

从个体的视角出发，要积极把握和利用刻板印象的动态演变过程，关注刻板印象的动态变化情况，这样才能获得理解其文化历史发展变化的新视角。不同历史时期存在的文化会深刻影响该文化群体的身份认同，并可能给其他文化群体留下差异化的刻板印象。通过收集和整理不同时间段对某一文化群体的刻板印象，我们可以找到一条快速而高效的研究途径，以更好地理解该文化的发展和变化。另外，我们需要密切关注自己留给他人的刻板印象如何随时间变化，并观察他们的自我认知如何演变，利用大众传媒等手段，在与他人的互动中，有意识地调整自己在他人心目中的形象，从而促进双方关系的改善，并建立起良好的关系。

2. 时刻对刻板印象保持警觉

在认识到刻板印象所带来的积极影响并对其持开放态度的同时，我们也不能忽视其过于简化、空泛的缺点，以及对其文化解读产生的消极偏见。所以说，在双方的互动过程中，我们应该始终保持开放的心态，有意识地避免对彼此认知的绝对化，始终坚持不断根据具体的交流情况调整对彼此的认识，避免认识走向僵化。所以说，在进行跨文化交流的过程中，我们不但应当时刻保持对异质文化认识的警觉，也需要不断反思自己对异质文化群体的看法是否已经变得僵化。同时，在评价某一特定文化群体时，我们需要有计划地注意下面的问题，即这样的评价能否真切反映出对整个文化群体的全面理解，而非仅是某一文化群体中部分个体在特定情境下的表现。

简单来说，基于文化而诞生的刻板印象包含一些合理的文化核心，这为我们提供了一个方便且高效地理解不同文化的切入点。刻板印象并不是固定不变的，它会随着文化与身份之间的相互作用而持续演变。所以，在进行跨文化交流时，我们不应排斥或反对刻板印象，应该保持开放的心态，在充分利用其合理之处的同时，始终保持警惕，以避免自身对某一文化群体产生僵化的认识。

二、民族中心主义

（一）民族中心主义的基本内涵

民族中心主义意味着将自己的文化视为其他民族文化的参考物，用自己的文化标准来衡量其他民族的行为、交往方式、社会传统和价值观。

人们总是对自己国家的文化充满自豪感，这种普遍存在的现象和心理倾向即为民族中心主义。

实际上，民族中心主义是一种无意识的结果，它有着极为醒目的情感成分。从一个角度看，民族中心主义能够更好地维护民族的自我认同和自我价值，增强民族自信，促进内部的团结，并提高团队的凝聚力；从另一个角度看，这种情况很容易引发交流双方对彼此的否定和指责，从而在交流过程中引发各种问题，可能导致交际活动的失误或失败。值得特别指出的是，文化的差异只是因为不同文化背景的人在处理自己民族的内部事务时采取了不同的方法，而文化本身的价值并没有差异。

（二）民族中心主义的影响

受到民族中心主义的深刻影响，在双方开展交际的过程中，通常会根据自身的文化习惯与价值观念等标准来衡量其他民族，甚至会因此错误认识其他文化，最终导致双方产生严重的误解。民族中心主义在很大程度上限制了个体的跨文化交流能力，主要在于这一观念直接导致人们对跨文化交流的积极性受到影响。对于跨文化交流来说，发现其他的民族和文化中存在的优点并建立互信，能够帮助交际双方更好地开展交际活动。

尽管大部分人都在努力克服民族中心主义的倾向，但实际上很难彻底摆脱这种倾向。

在进行跨文化交流时，大部分学生会强化自身对国家的深厚情感。学生所代表的不只是独立的个体，也代表了他们的国家。每当他们提及自己的国家和民族，都会感受到一种难以用言语描述的自豪和骄傲。值得一提的是，民族中心主义是一个广泛存在的社会现象，并且它与文化之间的关系可以表现为较为紧密的共生关系。考虑到民族中心主义并不能完全遏制，我们必须明确民族中心主义的界限。

（三）如何应对民族中心主义

在深入了解民族中心主义的理念后，我们在进行跨文化交流时，应努力规避和克服由民族中心主义导致的沟通障碍，并确保所有参与跨文化交际的人在交流中的地位是没有差别的，以确保双方的交流顺利进行。

第一，我们需要增强自己的文化移情觉悟，并合理地应用文化移情的手段。移情意味着我们能够与他人产生情感的共鸣，并有能力基于对方的角度来探究各种问题。在跨文化交际中，文化移情被视为一种高效的沟通策略和技能，它要求来自不同文化背景的交际者能够超越自己的文化局限，切实理解、感受并尊重彼此的文化传统。我们必须深刻理解文化差异存在的根本特质，并调整自身对不同民族、国家和文化的态度，还需要在跨文化交际中充分尊重双方的文化，积极摆脱民族中心主义的限制。

第二，我们应当基于发展的角度对问题的本质进行细致的研究，充分认识到随着社会历史的演变，每个民族的文化都会与其他民族的文化相互融合、相互促进，从而发生不同程度的变化，而不是停留在我们固有的观点和态度上。

第三，我们需要重视培养自身的语言能力，确保语言的表达和使用都是恰当的，并根据特定的语境和场合选择最佳表达方法。

为了确保跨文化交际的顺利进行，我们必须持续强化自己的跨文化认知，深入研究不同国家和民族的文化传统，并理解和尊重各种不同的观点和处理策略。尽管在短期内彻底消除民族中心主义是不现实的，但应该深入了解这些问题存在的客观原因、历史背景以及它们在跨文化交际中的潜在影响，以便有效地削减它们给跨文化交际带来的负面影响。

三、文化相对主义

（一）文化相对主义的缘起

文化相对主义是在文化进化主义当中诞生的，之后历经漫长的时光才逐渐得以确立。丁立群对文化进化论的解读是基于文化进化论的观点，即人类社会是基于线性发展的，而衡量文化好坏的标准则是文化与其周边环境之间能量转换的程度。从这种理论视角来看，所有的文化表现形式都是整体进化历程中的一个阶段。

两次世界大战对人们的思想、生活产生了深远的影响。战争结束后，文化理论逐渐从以西方为中心的观点转向了价值中立和多元价值，从而催生了文化相对主义和文化多元主义。到目前为止，第三世界国家已经更加重视本土文化的独特性和深层次价值，并以文化相对主义的方式为自己的文化形态、价值观和生活习惯进行正名。

（二）文化相对主义理论分析

文化人类学之父博厄斯（Boas）在 20 世纪 20 年代正式提出了文化相对主义。经过深入研究，他发现不同民族在智力和体力上并没有根本的区别，每一个民族都拥有其独特的内部结构和组合方式，都有其存在的原因；古代和现代的文化并不存在好与坏、高与低、进步与落后等区别，区分无知与文明仅是基于种族主义的偏见；当人们面对不同的文化背景时，他们会按照自己文化的准则来评估，并将其他民族的文化行为置于自己文化的行为模式中进行解读，但这种评价和解释往往缺乏客观性。除此之外，博厄斯还持有这样的观点："在社会科学中，并不存在所谓的绝对标准；在对于文化的评价解释中，同样也不存在绝对的、普世的评价标准。"[①] 综合来看，在博厄斯的认知中，每一种文化模式都因其独有的价值而

---

① 弗朗兹·博厄斯.人类学与现代生活 [M].刘莎，译.北京：华夏出版社，1999：71.

具有独特性，所以说，可以得到普遍应用的评价标准并不可能存在；要对某一文化现象进行评价，我们必须基于其内部的文化形态的价值标准来确定，并且在不同的文化形态中，并不存在优劣或高低的区别。

随后，美国文化人类学家梅尔维尔·赫斯科维茨（Melville Herskovits）对博厄斯的观点进行了进一步的继承、发展、完善，并在其著作《人类及其创造》中系统地解释了这些成果。这本书明确表示，文化相对主义的核心理念是尊重各种文化的差异，它重视不同的生活方式所蕴含的价值，强调了相互理解与和谐相处的重要性，而不是去评判或摧毁那些与其原始文化不一致的事物，更关注多种而非单一生活方式的价值，并对每一种文化的价值都给予了肯定。

文化相对主义，作为文化进化论与文化普遍主义的对立理论，强调了文化的相对性，并认为每一种文化形态都具有独特的基础和特质，也有着平等的价值。该理论积极倡导实现平等的文化交流和不同文化间的相互融合与互补。

第二次世界大战结束后，文化相对主义的理论框架逐渐健全，并赢得了全球各地民众的广泛支持。大家逐渐意识到，在每一种文化背景下，总存在一些与其他社会类型无须共享的独特内容。斯宾格勒（Spengler）明确表示："每一种文化都以其原始的力量从它的故土中勃兴起来，都在它的整个生活期中坚实地和那故土联系着。每一种文化都有自己的观念，自己的生活、情感和愿望，以及它自己的死亡。"①

（三）文化相对主义的内涵

人在进行跨文化交际时，会对来自不同文化背景的人感到困惑，甚至可能导致双方交际出现问题，所以文化在现代社会中发挥着极其重要的作用。文化作为一种历史积淀下来的稳定存在方式，已经融入人类文明的每一个角落，它深刻影响着人们的日常生活，并在很大程度上影响着人们的跨文化交际方式。基于跨文化交际的视角进行研究发现，人们对于文化的看法，也就是他们的文化价值观，在很大程度上影响着他们在日常生活中进行跨文化交际的成功与否。文化相对主义者则持有一种宽容和开放的心态，他们主张所有文化都是平等的，没有优劣的区别。他们认为，一个民族的不同文化是基于其特定的自然环境和文化环境而诞生的，不能以自己民族文化的标准来评价其他民族的文化，而应该以该民族特有

---

① 奥斯瓦尔德·斯宾格勒著.西方的没落 [M].吴琼，译.成都：四川人民出版社，2021：119.

的自然文化环境为依据来进行解释的观点在很短的时间内就被人们接受。

（四）对文化相对主义的评价

文化相对主义的实际意义是基于特定的语境而定的，这也导致了学术界对文化相对主义理论的评价存在分歧。

从一个角度看，文化相对主义在文化价值上有着积极的进步表现。它倡导放弃西方中心主义和民族中心主义的理念，认同各种文化的独特性和内涵价值，尊重多元文化。文化相对主义在思想解放方面具有积极的影响。文化相对主义的理念能够切实帮助人们探索不同的文化体制和形式的应用可能性，使他们可以更好地理解各种价值观念和行为模式，同时也让人们明白，不同的文化观点并不总是可以相互交流的。

从另一个角度看，文化相对主义也面临着许多显性或隐性的批评。

更为关键的是，对文化相对主义的过分崇拜可能会引发无条件的容忍，这也是文化相对主义最容易受到批评的方面。在国外，文化相对主义面临的最尖锐批评是，任何形式的行为都是可以在这一理念的指导下被社会接受和认同。我国的学者乐黛云持有这样的观点："文化相对论的自身弱点可能导致为维护本民族文化的认同，而牺牲部分成员变异求新的要求。"[1] 陈国强持有这样的观点："文化相对主义存在夸大各种文化的相对性，否认文化发展的规律性和统一性，进而否认社会发展水平的差异。"[2]

毫无疑问，相对于否定或拒绝与其他文化交流的文化中心主义和民族中心主义，提出承认文化多元性的文化相对主义是一个巨大的进步，也是人类认知历史上的一个重大突破。文化相对主义认同其他文化的存在是合理的，并认为世界是由各种不同的文化构成的。这样的文化观念有助于人们从更广阔的视角审视自己的文化，避免陷入以自我和民族为中心的思维困境。这对于促进各个民族之间的团结具有正面的影响。但是，基于跨文化角度进行研究可以发现，文化相对主义较为片面，这可能会导致民族封闭主义和自守主义的产生，并在一定程度上直接导致价值判断出现问题以及返本论的产生，从而使文化相对主义并不能很好地指导人们的跨文化交际。

---

[1] 乐黛云. 乐黛云讲比较文学 [M]. 北京：商务印书馆，2019：45.
[2] 陈国强. 简明文化人类学词典 [M]. 杭州：浙江人民出版社，1990：54.

第三节　影响跨文化交际的语言文化因素

一、高语境与低语境

（一）高语境与低语境的概念

德国的语言学者威格纳（Wegener）是首位提出"语境"这一概念的学者。他指出，语境是由三个主要因素构成的："交际时的客观情景、信息接收者能够直接联想到全部因素和成分、交际者的全部心态和对彼此身份的了解。"①英国的社会人类学专家马林诺夫斯基（Malinowski）简洁地将语境划分为两大类别：文化语境和情景语境。他强调，每位交际者所处的社会大环境即文化语境，而实际的交际行为则是在特定的情景语境下发生的。基于马林诺夫斯基的研究，英国语言学家弗斯（Firth）将语境划分为三个不同的情况：语言上下文、情景上下文、社会环境。一个名为韩礼德（Hallicday）的英国语言学者，是语言学系统功能语法的奠基人。在深入研究马林诺夫斯基和弗斯的理论后，他结合这两位学者的观点，将语境细分为文化语境、情境语境、上下文语境。

霍尔持有这样的观点："任何事物均可被赋予高、中、低语境的特征。"②高语境事物通常有着事先编排信息的特点，并且这些编排的信息主要集中在接收者和背景之中，只有极少数信息是在传递过程中存在的。与此相反的是，低语境事物的大多数信息都需要时刻存储在传递的信息里，以补充在语境中遗失的某些信息。从霍尔的视角来看，在高语境中，信息是由特定的社会文化背景传递的，或者与交际者的记忆和思维紧密相关，显性的语码只存储了部分信息，因此人们在交流中会特别关心环境中的细微之处。在低语境中，显性的语码能够传递大量信息，而隐性的环境仅负责传达一小部分信息，因此交流更多地通过言语实现。在低语境的文化背景下，人与人之间的联系较为脆弱。根据许烺光在其著作《美国人与中国人：两种生活方式比较》中的观点，我们可以看出，在高语境的文化环境中，

---

① 严明.跨文化交际理论研究 [M].哈尔滨：黑龙江大学出版社，2009：34.
② 武桂杰.霍尔与文化研究 [M].北京：中央编译出版社，2009：86.

人与人之间的联系是非常稳固的。

（二）高语境与低语境的形成原因

所有类型的文化都具有特有的交际特征，并且宗教与历史会在很大程度上对人们的日常生活和言论行为等产生深远的影响，最终会形成一种固定的思维模式以及言语交际方式，所以，高语境和低语境之间也存在着一定的宗教和社会历史根源。

先要考虑的是宗教根源。高语境文化经过了漫长的历史演变，其变化的节奏较慢，并且在多年的传统文化积淀下，与宗教有着深厚的联系。由于持有相同的宗教信仰，人们构建了类似的价值观和行为标准。

之后要探讨的是社会历史根源。中国拥有丰富的文化储备。秦始皇在统一六国之后，为了巩固其统治地位，采取了多种文化改革措施，包括统一文字和度量衡系统。在当时的社会历史背景下，人们的真实想法会通过非言语行为表现出来，这也进一步推动了高语境文化的诞生。西方文化的起源可以追溯到古希腊和古罗马时期。在那个时代，城邦实行的民主制度、对海洋贸易的重视、对科学的重视等都影响了西方文化。以美国为例子，哥伦布（Columbus）发现美洲大陆之后，许多欧洲国家的人拥向美洲大陆，此时的美洲大陆缺乏一个统一的民族，且人口结构复杂，人员的流动性大。也因为人们存在生活经历上的差异，所以他们很难建立一个统一的语言文化背景。为此，为了交际活动的顺利，人们需要依赖具有明确意义的语言信息来传达自己的观点。在这样的情境中，低语境文化得以诞生。

1. 中国高语境文化的形成原因

孔子的儒家思想对我国的社会文化影响巨大。儒家哲学的核心思想是"仁"，它提倡仁、义、礼、智、信的价值观，这使得中国人形成了一种温良内敛、谦逊友好、聪慧睿智的民族性格。以儒家哲学为根基的中国文化主张以和谐为核心，鼓励形成和保持和谐的合作伙伴关系，并重视集体主义。中国高语境文化交流的独特性也是基于上述特征表现而诞生的。

所以，在与人交往的过程中，中国人倾向于避免出现冲突，更多的是展现出友善、礼貌和谦逊的态度。

道家的精髓在于强调仁道，当利益与道义之间存在矛盾时，应优先考虑"义"，这促使中国人在社交活动中更倾向于和谐、内敛和含蓄，同时也有效推动了高语境文化的诞生。

2. 西方低语境文化的形成原因

在古希腊时代，低语境文化已然形成。众多西方国家深受低语境文化的影响。西方社会高度重视个人主义。

（三）高语境与低语境的特点与差异

1. 高语境与低语境的特点

在高语境的文化环境中，绝大多数的信息要么隐藏在特定的语境里，要么内化于个体中。所以说，在与不熟悉的人进行对话的过程中，具有高语境文化背景的人通常表现得更为审慎。在高语境的文化背景下，当人们首次与不熟悉的人交流时，他们很少展现出过多的非言语行为。另外，在高语境的文化背景下，人们更关注对陌生人的文化背景进行推测，并极为关注交际过程中的文化差异影响。为了推测一个陌生人的文化背景，高语境文化中的人需要深入了解对方在进行语言表达时所处的环境。同时，由于缺乏对陌生人及其行为的深入了解，生活在高语境文化环境中的人与陌生人互动时，通常会展现出谨慎态度。对于不了解高语境文化的人来说，高语境文化背景下人们的表达方式太过含蓄。然而，这仅是表面现象。

丁允珠曾经推测，高语境文化也就是集体主义文化，更多的是为了保护双方的尊严并确保集体利益不被破坏。沟通的方式是含蓄的，人们会仔细考虑要表达的每一句话。路斯迪格（Lustig）结合了高语境和低语境文化的传播特性，对高语境文化的核心特点进行了总结。高语境文化中隐含的信息以及非言语的信息极为丰富，情感表达更为深沉，人与人之间的关系更为紧密，并且在处理问题时，可以根据所处的环境进行灵活的调整。

在低语境文化下，人们交流时更为重视双方所说的语言内容，并不会过多关注他们所处的环境。在低语境的文化中，人们的交流方式更为直观和清晰，他们经常输出大量的言语信息，情感外露，人与人之间的关系并不紧密，并且更加重视外部的客观因素。在社会环境持续演变的背景下，生活在低语境文化环境中的人们更倾向于直接面对语言所传递的信息，而很少触及社会环境或说话者所处的具体环境。

2. 高语境与低语境的差异

在《跨文化交流论》这本书中，陈雪飞用了一句既简练又生动的话来总结高语境与低语境之间的区别，那就是"话里有话"和"话里直说"。

霍尔在其著作《超越文化》中，对高语境与低语境的各自特征表现进行了深入的对比分析，如表 3-3-1 所示。

表 3-3-1　霍尔对于高语境与低语境的比较

高语境	低语境
信息含蓄、间接、模糊	信息外显、直接、精确
注重非语言编码	注重语言编码
依赖信息接收者解码	信息由发出者确切传递
重综合联系，重悟性	重分析性逻辑思维
重整体，重人际关系	重个体，人际关系淡薄
稳定，注重历史	易变，着眼将来

在贾玉新的《跨文化交际学》这本书中，对路斯迪格和科斯特的观点做了详细的翻译和总结，如表 3-3-2 所示。

表 3-3-2　贾玉新对于高语境与低语境的比较

高语境	低语境
内隐、含蓄	外显、明了
暗码信息	明码信息
较多的非语言编码	较多的语言编码
反应很少外露	反应外露
（圈）内（圈）外有别	（圈）内（圈）外灵活
人际关系紧密	人际关系不紧密

高语境	低语境
高承诺	低承诺
时间处理高度灵活	时间高度组织化

高语境与低语境之间的区别如下所述：

（1）口头交际的表达习惯不同

在高语境的文化背景下，对于自己遇到的各种事件和问题，人们常倾向于使用更为隐晦和含蓄的方式来阐述自己的观点，这样做有助于避免相关行为显得过于突兀和鲁莽。在低语境文化背景下，每个人都倾向于明确、清楚地阐述自己的看法，并担忧自己的观点可能没有吸引他人。

（2）编码信息的方式不同

在高语境的文化背景下，人们倾向于采用编辑暗码的方法来传递语言信息。编辑暗码指的是双方基于各自的社会文化背景来理解对话的隐含内容，或者是基于对交流者个人情况和心理状态的深入了解来进行对话。这意味着每位参与交流的人都需要深入理解彼此之间对话中所隐藏的含义。在低语境文化背景下，除了幽默的表达方式，大多数人都会通过明码的方式传递信息。

（3）交际中心点的不同

因为编码信息的方法存在差异，高语境和低语境的交际重点也会有所不同。在高语境的文化背景下，信息的发送者倾向于选择简洁的语言来传达其意图，而信息的接收者则需要通过理解、推测来明晰其真正的含义，在交际中，接收者需要做大量的工作。在低语境文化背景下，信息的发送者会清晰地传达其意图，接收者只需理解其表面的意图，就能轻易地理解对话的真正含义。换句话说，在低语境文化背景下，信息的发出者是交际的中心。

（4）交际心理不同

生活在高语境文化背景下的人们通常具有强烈的集体主义观念，他们非常重视人与人之间的关系，并在说话时考虑对方的心理需求，以避免引发不必要的困扰。所以说，在交际活动中，他们总是谨言慎行，习惯于将对方作为双方交际的基础，采用螺旋状的思维模式，逐步引导对方关注自己想要讨论的话题。生活在低语境文化背景下的人们持有强烈的个人主义观念，他们在人际交往中更多地关心自己的利益，而不是过多地考虑他人的感受。他们的思维方式偏向直线型，倾向于直接开始他们想要探讨的问题。

二、社会文化身份

（一）文化身份与民族身份

1. 文化身份

我们也可以将文化身份叫作"文化认同"。1993年，张裕禾在所写的文章《民族文化与民族文化身份》中首次提到文化身份这一概念。从人类在地球上开始以家庭、部落、城邦或国家为基本单位进行群居的那一刻起，文化身份的问题就已经浮现。20世纪，伴随着心理学的进步和弗洛伊德（Floyd）的精神分析学的普及，文化身份在理论与实践两个层面都得到了长足的发展。

哈默斯（Hamers）与布兰克（Blanc）认为文化身份是复杂的文化体系融合进入个体的人格并与其融为一体的产物。这一定义认为文化身份是一种从儿童时代便开始形成，并逐渐成长的动态机制，它在社会和心理事件的作用下持续演变，代表着人类个体的社会化进程。在这种动态机制的形成过程中，个体的自我认同起到了十分重要的作用。文化身份包括对家庭、集体、社会、民族、种族、性别、宗教信仰、政治和道德价值等不同层次内容的认同，是个人或者集体对自己所拥有的群体特征的接纳和认可态度。段龙江持有这样的观点："文化身份是一个相当抽象的概念，主要包括三方面的内容，即自我认同、他人承认和角色定位。"[①] 文化身份不仅是一个民族的核心特质，也反映了文化成员对于自己文化的归属和认同程度，同时还表现出极为显著的民族凝聚力。

综合考虑上述定义后，我们认为文化身份是某一特定文化群体成员对其文化背景的认同，这种认同主要体现在个体的行为和言论中。生活在某一特定文化背景下的人，会形成自己文化的价值观、行为标准和社会规范。所以说，具有不同文化背景的人会展现出各自独特的文化特征。文化身份这一概念主要涵盖了两个不同的层面。从宏观层面看，文化身份涵盖了民族和国家的身份；从微观层面看，

---

① 严明. 跨文化交际理论研究 [M]. 哈尔滨：黑龙江大学出版社，2009：48.

文化身份是基于个体的性别、职业、年龄和经济状况等因素所形成的。

全球范围内，文化具有多样性，不同的文化在相应的环境中都会展现出不可替代的吸引力和价值。因此，所有的民族文化都有着自身存在的合理性与必然性。在进行跨文化交际的过程中，我们不应仅依赖某一特定的文化标准来评估其他文化的价值。当人们与外来文化互动时，他们会感受到由不同文化身份引发的冲突和矛盾，但是需要注意的是，这些问题的出现并不是基于两种文化之间的强弱比较而产生的。在双方的交际过程中，不同的文化更多地会展示自身的多样性。事实上，之所以在交际过程中会出现矛盾和冲突，主要是因为文化身份存在不同。换句话说，只有我们对文化身份有着合理且清晰的认识，才能促使交际双方最大限度地减少冲突和矛盾的产生，进而增强跨文化交际的效果。

人们在交际过程中主要进行着信息的编码和解码，对于一个人来说，其文化身份直接决定了他或她如何去理解和感知他或她所处的世界，并寻找合适的手段将自己的所思所想加以表述。在跨文化交际的过程中，编码者与解码者各自拥有的文化身份存在差异。并且，正因为编码者与解码者在交际行为的规范和意义范围上存在差异，信息的意义在传递的过程中可能会有所改变。然而需要关注的一点是，要想成功地进行跨文化交际并不意味着任何一方需要舍弃自己的文化身份去迎合另一方，而是需要双方共同发挥作用，这也是萨默尔和波特所阐述的第三种文化。

2. 民族身份

在跨文化交际中，要想了解对方的民族身份，最主要的是了解对方的"民族标签"。交际双方通常会在交际过程中详细了解对方的民族类别（包括种族、国籍和宗教等），并对对方产生一定的民族认知。需要注意的是，民族标签具有不稳定性，因此人们非常容易被贴上不符合自己的"标签"。

（二）年龄身份与性别身份

1. 年龄身份

年龄身份在交际中的作用是显而易见的。人与人在刚开始交际时，会瞬间捕捉到对方的年龄信息（对方是孩子、青年、中年还是老年，与自己年龄是否相当等），对对方产生模糊的认识。

在中国文化中，老人具有丰富的处世经验，中国人也以尊重老人和关爱老人为美德。中国社会生活的各方面都表现出对老人的优待，老人也很享受这种优待，认为这是社会对他们的尊重。

2.性别身份

性别分为生理上的性别和社交上的性别。其中，生理性别主要描述的是男性与女性在生物学上的身体差异，而社会性别更多地关注男女之间的社会差异，这是因为社会对男女有不同的期待和看法。

在跨文化交际中，性别身份的影响能够基于语言交际和非语言交际加以探讨。语言交际是指在交际过程中，双方通过口头或书面的方式来交流；非语言交际也被称作"副语言交际"，主要指的是在日常交际中的表情、服装、身体接触等，它在交际中也极为重要。

（1）语音语调上表现出来的先天性别差异

男性和女性在发音器官上的不同是天生的，例如，在青春期变声之后，男性的声带会变得更加厚实。除此之外，社会本身存在的各种因素也会对男性和女性的发音产生一定的影响，就比如人们普遍认为男性具有深沉的嗓音，而女性则拥有柔和、清丽的嗓音。相较于男性，女性在语言表达上具有优越性，并且女性的声调柔和，可以进行较为多样的变化；男性在使用语调时缺乏足够的灵活性，他们更倾向于利用句法和词汇来向外界传达自己的情感。

（2）在词汇上表现出来的性别差异

①感叹词

在句子当中，感叹词并不会作为其中的语法成分存在，但是值得注意的是，感叹词的使用却能在很大程度上凸显句子本身的表现力，积极表现句子中的各种隐含情感。

②程度副词

在汉语语言表达中，与男性相比，女性更倾向于使用如"及其""特别""多么""简直"这样的语气副词来加强语气。

（3）在话题选择方面的差异

男女所关心的核心议题以及讨论的各类话题本身存在较为显著的不同。在女性当中，话题往往关注个体、人与人之间的关系，以及当前正在发生的事件等；相较之下，男性更倾向于关注整体情况，而不是直接表达自己的情感，他们更喜欢讨论历史。

（4）在话语方式与策略上的差异

如果我们仔细观察男女之间的交流内容，会发现男性的表达方式更为直接和具有侵略性；相较之下，女性的表达方式更为含蓄和婉转，她们更倾向于回应并与对方的对话内容相协调。之所以存在上述区别，主要在于男性更倾向于追求相对的独立性，喜欢参与有竞争性和对抗性质的活动；女性更倾向于参与集体活动，并且更加关心与他人之间的相似之处。

①女性更具有合作性

女性具有高度的敏感性，善于沟通和表达，善于与他人合作，在语言与行为上并不具备侵略性。所以说，在对话过程中，女性会展现出更强的合作精神，并在交流中时刻关注对方，合理选择交流的内容，以减少双方之间存在的潜在冲突。对于大部分女性来说，在与他人交流的过程中，大多数时候会积极倾听，并在听的过程中对所听到的信息给予积极的反馈。

②女性更注重礼貌和委婉

在语言交际过程中，礼貌的原则极为关键。许多实例都表明，与男性的语言相比，女性的语言更能满足礼貌准则。具体而言，在没有原则性问题存在的情况下，女性通常很少会表达出批评或者反对的观点；即便是在别无选择的情况下，她们发出的声音也都是温柔的。相较于男性，女性在表达愤怒或责备的时候，通常表现得更为温和。

（5）对"沉默"的不同理解

沉默是一种与众不同的体态语。尽管人们在沉默中并不会有言语和面部表情外露，但他们仍能在特定的环境和语境中传达出对应的含义。在各种不同的语境中，沉默可能代表着各种不同的情感，如害羞、不满、放弃、威严、暗示等。值得我们高度关注的是，男性和女性对这种非语言交际有着不同的认识。男性通常对沉默有一种正面的理解，即认为沉默主要是为了营造庄重的氛围和保持尊严等；然而，在女性的认知中，保持沉默通常代表着一种逃避沟通的行为。

第四章　跨文化交际视角下的地方高校校园文化建设

　　本章主要论述跨文化交际视角下的地方高校校园文化建设，包括基于跨文化交际的校园文化建设理论、地方高校校园文化建设活动设计以及地方高校校园文化建设的启示。

第一节　基于跨文化交际的校园文化建设理论

一、校园文化的相关理论

（一）校园文化的定义

关于校园文化的定义可追溯至美国学者沃勒（Waller）的《教育社会学》一书，该书把校园文化定义为"学校中形成的特别文化"。实际上，校园文化可以从两种视角去定义：第一，突出空间，把校园文化视为在学校教育基础上产生的文化现象；第二，突出功能，校园文化是在多年的办学历程中，随着学校的持续发展和其所处社会环境等方面所施加的影响而逐渐形成的。校园文化存在于校园中的任意一个角落，对师生与学校的发展产生了深远的影响，也在一定程度上彰显了学校自身的个性和品位。校园文化可以从不同的视角来看：基于文化的范围，校园文化属于一种亚文化，是置身于社会大文化背景中的特定文化；基于校园文化的主体结构关系，狭义的校园文化主体仅包括学生，而广义的校园文化主体既包括学生，又包括教师和职工；基于校园文化的具体表现形式，校园文化可以展现在课堂教学上，更可以表现在丰富多彩的校园活动上；基于校园文化的层次结构，校园文化可分为物质文化及其附属载体。

本书中的校园文化指的是社会文化大背景下，在学校中形成的文化，包括在长期办学进程中创造的一切物质财富与非物质财富的总和。校园文化的主体既包括学生，又包括教职工，其表现形式既包括课堂教学，又体现为丰富多彩的校园文化活动。

地方高校校园文化作为在地方形成的一种特别文化，既是一种无形的环境因素，也是一种巨大的教育力量，体现了地方高校的集体行为风气，不仅会影响学生的人生观和价值观，而且会直接影响他们的学习态度和活动。地方高校校园文化建设要强化育人功能，校园文化建设的目的是通过形成良好的校园氛围，培养德智体美劳全面发展的学生，满足国家对高素质人才培养的需求，加强社会主义核心价值观引领，以期陶冶学生的情操，构建学生的健康人格，全面提高学生的素质。

（二）校园文化的构成

校园文化的构成有众多说法，对美国校园文化的研究显示，校园文化可分为有形文化、行为文化、价值观与哲学意念。我国学者针对校园文化构成的理论主要有"二分说""三分说""四分说""多元说"等。本书采用"三分法"，将地方高校校园文化分为物质文化、精神文化和制度文化。

从形态上进行分析，物质文化主要可以划分为环境景观文化和基础设施文化两大类。校园内的环境景观文化涵盖了绿化的设计、丰富的植被以及各种休憩建筑等。作为一种校园文化符号，其紧密地融合了自然特征与人文意义，并体现着本校的特色。基础设施文化包括教学楼、图书馆、体育馆、宿舍、商业网点和校园标识等，与学生的学习和生活密切相关，也是传播地方校园文化的有效途径和重要媒介。

在社会文化的大背景之下，以教师和学生为核心的校园成员在办学过程中塑造了一种集体精神的集合，其中涵盖了情感价值观、道德观念、传统习惯、人与人之间的关系等。它属于校园文化的关键之处。精神文化首先体现在学校的办学理念和价值引领上，是学校对教育的深刻认知，是培养目标与践行社会使命的有机结合，体现了一所学校的行事风格。校园精神文化还体现在校风、教风与学风上，是校园文化的各个主体长期营造出的一种文化氛围和心理环境，由校园人的思想道德修养和行为习惯构成，是一所高校最为全面宏观的风貌彰显，也是校园精神文化的直观表达。校园的精神文化以多种形式呈现在学生的学习中，如课堂文化或以校园文化节活动、课外学术讲座、校报校刊等为主的课外文化中。校园精神文化作为一种无形的力量，集中反映了一所学校的本质与特色，影响着学习和生活在其中的每一个人。

在社会文化的大背景之下，以教师和学生为核心的校园成员在办学过程中必须遵循的规章制度被称为制度文化，其中涵盖了学校的管理方法、组织构架以及其他相关规章制度等内容。制度文化是用来维护丰富的物质文化，促进校园精神文化的传承与创新，以及规范校园主体的行为方式。随着社会的不断发展，高校的管理制度越来越能体现出学校的办学理念，已成为一种中介文化，它不但确保了教学活动和校园生活的顺利进行，还为学生创造了一个积极的校园文化环境。

（三）校园文化的功能

校园文化在促进学校发展、提升教师和学生能力等方面发挥着重要的作用。其功能可归纳为以下三个方面：

德育功能是高校校园文化的基本功能。高校育人的终极含义在于培养什么样的人，这体现在学生不仅要有丰富的知识储备，更要有崇高的道德与坚定的理想追求。校园文化作为一种隐性教育，能够潜移默化地影响学生的价值追求。具有针对性和吸引力的校园文化活动，如思想政治、学术、体育方面的活动，可以进一步丰富学生的精神文化生活，促进其人格发展，培养其道德素养。

智育功能是高校校园文化的重要功能。高校的主要目标是通过开设各种课程增强学生在各自专业领域的知识储备，把学生培养成国家所需的高端国际化人才。校园文化中的教风激励着教师努力履行自己的职责，不断创新教学理念、完善课堂教学、提高教学效果。优良的学风为学生创造了良好的学习氛围，使学生能主动学习科学文化知识，加强交流、增强知识储备。校园文化的智育功能还体现在师生之间的学术交流方面，由此营造出的批判性思维与独立思考氛围，有助于学生培养独立思考和解决问题的能力，进一步激励彼此在学术研究上的探索。

凝聚功能是校园文化的另一个重要功能。校园文化是校园在发展过程中形成的文化，凝结着无数校园人的智慧，处在不断发展与完善的过程中。校园文化蕴含着学校师生共创和认同的价值观念。在文化认同的基础上，将学生个体整合为一个具有引力内核的集体。在参与校园文化活动的过程中，大学生群体建立了一种共同的价值观，促使学校中的教师与学生能够充分了解彼此共有的理想、价值观、道德素养等，强化彼此的认同感，增进师生与学校的认同。

二、基于跨文化交际的校园文化活动路径和特征

（一）校园文化活动的路径

文化沟通能力作为其中的一个关键词，具有重要的意义。跨文化活动作为第一课堂的补充、拓展，其目的就是弥补第一课堂文化输入不足的问题，为学生营造跨文化交际的平台，促进中外学生之间的文化互动，培育他们的跨文化交际意识，并提升他们的跨文化交际水平，努力把学生培养成高素质的国际化人才。

为保证地方高校校园的跨文化活动顺利开展，实现预期目标，可以从以下四

个方面着手：

第一，明确跨文化活动的定位。跨文化活动的目的是让学生走出课堂，拥有一个介绍本国文化、了解他国文化、增进彼此了解的平台。只有在这种真实的文化交流与碰撞中，学生才能感受到跨文化交际的魅力。因此，跨文化活动要始终围绕这一定位策划和设计。

第二，内容设计在一场成功的校园文化活动中至关重要。以提高学生跨文化交际能力为宗旨的校园文化活动要坚持"以学生为本"的理念，从学生的实际需求出发，让每一位参与其中的学生都能感受到校园文化活动带来的益处，从而提升全体学生的跨文化交际能力。此外，高校作为传承中华优秀文化的重要载体，在推动社会发展与人类精神进步方面发挥着重要的作用。作为第二课堂的校园文化活动应注重与中华优秀传统文化相结合，学生在努力学习他国文化的同时，更需加深对本国优秀传统文化的学习，增强文化自信。

第三，加强宣传，推广先进的舆论传播机制。跨文化活动应不断创新宣传理念和思路，推广先进的舆论传播机制。利用大数据，充分发挥新媒体的作用，融合"互联网＋"模式，搭建全方位、多样化的宣传平台，例如通过短视频、音频、动画等形式，引发学生关注，推动文化活动二次甚至多次传播，从而吸引更多学生参与其中。

第四，成功的跨文化活动还需要完善的人才保障机制。地方高校应该着力破除机制体制障碍，为有能力的师生提供设备和资金支持，不断激发师生活力，鼓励师生充分结合本土文化和本校特色，创造出更多形式创新、品位高雅、内容积极向上的跨文化活动，共建优质国际化校园文化活动品牌。

总之，一场优秀的跨文化活动需要在活动定位、内容设计、宣传媒介及人才保障等各方面不断努力，通过创建更多的校园文化活动，使之成为学生第一课堂的有益补充，逐步提高学生的跨文化交际能力。

（二）校园文化活动的特征

在国际交流日益频繁的背景下，国家对人才的国际化素质要求越来越高，跨文化活动作为校园文化活动的一种特殊形式，受到越来越多的关注，并为越来越多的院校所采用。跨文化活动通常有以下特点：

第一，从活动宗旨来看，跨文化活动以文化为主题，注重不同文化背景的参与者进行相互交流与学习，旨在通过对各国文化知识的学习，将文化输入与输出有机结合起来，使中外学生能相互了解、开阔眼界、增长见识，减少文化冲突、求同存异，培养学生的跨文化交际意识，提高学生的跨文化交际能力，以保证交际活动的有效性与得体性。

第二，从活动形式和活动规模来看，跨文化活动不受教学计划和教学大纲的限制，形式更为灵活，可表现为英语角、外文短剧、演讲比赛、"一对一"中外语伴见面会等。活动时间可长可短，规模可大可小，既可以是跨校的或全校范围内的大型活动，也可以是以系、专业年级、班级为单位开展的中小型活动。与其他校园文化活动相比，跨文化活动以互动性活动为主，注重中外学生间的语言交流，旨在为中外学生提供真实的多元文化环境，让参与者切实感受到跨文化交际的魅力不仅可提高自己的外语能力，也锻炼了自身的跨文化交际能力。

第三，从活动内容来看，文化存在于各国的历史、建筑、文化习俗等各个方面，活动内容要尽量体现出多元文化的异同，以培养学生对文化差异的敏感性，使之能在以后的跨文化交际中注意到这些异同。

第四，从活动参与者来看，跨文化活动受众广，既有中国学生，又有外国留学生。

总之，跨文化活动旨在通过各种方式加强文化输入与输出，培养学生的跨文化交际意识，提高学生的跨文化交际能力。

第二节　地方高校校园文化建设活动设计

一、庆典活动

校园文化活动是校园文化的重要组成部分，从不同角度可对校园文化活动进行区分和归类。如按照活动举办频次，可分为日常活动和非日常活动；按照活动举办规模，可分为中小型活动和大型活动；按照活动参与人员，可分为校内活动和社会活动等。其中的庆典类活动，兼具非日常、规模较大、面向社会等特点，因此具备较强的参与性、传播性和话题性。通常，地方高校也倾向于抓住庆典类活动的机会"外塑形象、内铸精神"，在打造地方高校校园文化品牌的同时，发挥其凝聚校内师生精神文化共识的重要作用。

（一）庆典活动概述

从人类学和社会学的"仪式理论"来分析，庆典活动作为广义"仪式"中的一种，是由一系列有意义的符号构成的象征体系，表征着其背后神圣的精神世界。目前，社会上非常流行的一种说法"生活要有仪式感"，其实就是对"仪式"背后精神内涵的直观阐释。就地方高校而言，"仪式"背后便是地方高校的价值观、高校精神。地方高校庆典活动通过仪式来展示，传播高校精神，具有独特的基于理念认同的价值引领功能。庆典活动在校园文化生活中占有举足轻重的地位，它肩负着向全校师生传达价值观和加强集体认同的重要任务。

无论是国内还是国外的顶尖高校，都高度重视学校的庆典活动。世界各地的知名学府，在每年的节庆日都会举办盛大的庆祝活动，并邀请知名的校友和社会各界的知名人士参加。某些大学在活动设计上仍然保留了其初创时的特色，从而塑造了具有独特风格的校园文化传统。现阶段，我国众多高校在建设具有中国特色社会主义大学的基础上，正在积极学习世界各国高校优秀的教育理念和实践方法，从而有效促进具有中国特色的高校庆典活动模式的构建。

近年来，高校庆典活动形式越加多样、内容越发丰富、受关注程度越来越高。一般而言，每个高校都有围绕重大节日、重要时间节点举办的庆典活动，如运动会、文化节、学术节等。这些活动一方面使高校师生的校园生活更加丰富多彩，另一方面使高校价值观、高校精神在活动中不断得以凸显。但我们更要看到，庆典活动的"初心"仍然是在活动过程中实现对学生的教育和引导，而不是为了办活动而办活动。地方高校应当利用各种庆典活动向外界传递自身的核心价值观和教育理念，使之可以进一步丰富学生的精神文化生活。

1. 庆典活动的基本特征

"庆典"通常指"隆重、喜庆的仪式"，一般承载着较为重要的价值内核，通常在一定范围内会产生较大的影响。放眼古今中外，不乏对庆典重要性之描述。中国历来被誉为"礼仪之邦"，孔子曾对"礼"的概念进行了深入的解读，到目前为止，"礼"依然是人们日常生活中不可或缺的一部分。在中华文明的五千年历史中，"礼"被视为一套完整的文化准则，它对中国社会的每一个角落都产生了深远的影响。专为各种庆典、节日、节气和重要事件设计的"庆典"或"典礼"，在团结人心、吸引人气和传承文化等方面都发挥了无可比拟的作用。西方文明的历史中也充满关于庆典活动重要性的记录。例如，让人耳熟能详的奥运会，其起源就是古希腊人为祭祀宙斯而举行的体育竞技方面的典礼活动。

地方高校应该从"立德树人"这一崇高使命出发，主动利用庆典活动展现教育意义和文化内涵。庆典活动应以服务教育为核心，并在活动中发挥教育的基本功能，通过"文化活动"的方式来实现教育目标。在高校的庆典活动中，主要展现了以下两个显著特点：

首先，从文化形态的角度分析，地方高校的庆典活动并不是观念文化或物质文化的一部分，而属于超出常规行为范畴的"超常"行为文化。庆典活动的"超常"特征一方面体现在活动"频率"和"频次"上。众所周知，高校庆典活动不是日常行为，不可能经常发生，只是偶尔（例如满足某一重要历史事件的一定年份）或定期（例如每年的固定日期）发生，否则就失去了其重要的象征意义。"频率"太高的话，客观上会导致活动"仪式感"降低，进而沦为日常性活动。另一方面体现在活动的"目的"上。地方高校庆典活动提供的是超越日常需要的满足，表达了对某种精神价值的追求。这种"超越日常需要的满足"，通常不属于高校的日常事务，换言之，这是地方高校日常教学科研之外的"任务"。最后体现在活动的"心态"上。参与者在庆典活动过程中，心态发生了变化。这种变化通常表现为对日常生活状态的超越，进入了更加超验的层面，参与者会因庆典活动所传达的理念而有所触动，进而有所感悟。

其次，从结构要素的角度分析，通过安排学生进行巡游表演和舞台展示等活动，能够体现学校的国际化特色，传递学校对学生成长为具有国际视野和跨文化交际能力人才的期望。通过一系列环节设计和安排，原本活动的理念意义得以具体呈现，活动传递精神价值对仪式参与者产生了直接影响，使得参与者能够更加直观、全面、真切地感受庆典活动蕴含的深刻内涵。

高校庆典作为一种仪式行为，其本质就存在于和现实相对的理想、和物质相对的精神、与"凡俗性"相对的"神圣性"上。在高校的庆典活动中，由多个行为和环节组成的流程构成了活动的表面框架，而这些行为背后所隐含的则是更深层次的理想或精神内涵。所以说，我们应该将高校的庆典活动视为极为重要的文化形式和需要得到重点关注的精神现象。

2. 庆典活动的重要意义

地方高校的庆典活动的实质是对高校价值观、高校精神的呈现、展示与传播，具有不可替代的重要意义。

（1）形成别具一格的校园文化

这里的校园文化是指一所大学在长期的办学过程中形成的独具特色的办学传统和精神理念。校园文化的多样性会影响教师和学生各自独特的精神特质的形成，而高质量的校园文化对于教师和学生的发展有着深远的影响。对于高校来说，其校园文化的存在充分反映了自身的特色和高校内部的关注焦点，这都是全体教职工和学生共同努力的成果。地方高校的特色校园文化代表了该校最具代表性的精神特质，它属于在学校中被广泛接受、认同和尊重的习惯和标准。从某个角度看，校园文化在高校的各个运作环节中都有所体现。对于一所高校来说，校园文化主要反映在以下几个方面：历史传统、价值观和理念、教学管理的风格和特点、教职工和学生的素质与行为规范、物质设施，并且还包括学校的办学方向、核心价值观、杰出人物以及文化活动等。通过校庆活动，高校可以重新评估，积极探索并明确之后的发展策略，这对于塑造有特色的校园文化是至关重要的。

（2）呈现独特的高校精神，并使之可感知、可体验

每所高校都有其独特的物质外壳和实体结构，这些是高校的外在元素。但是真正使高校具有本质上区别、赋予高校"特殊性"的，是高校的精神，或称高校的使命。高校的精神或使命可以概述为人才培养、科学研究、社会服务、文化传承与创新、国际交流合作等内容，但每一所高校对其有自己的理解与阐释。高校庆典的可贵之处，在于使高校精神现实化，使参与者亲身体验活动背后蕴藏的高校精神。在文化活动中，参与者在欣赏他人展示的同时也实现了自我展示，能够深切地感受到作为高校精神共同体成员的存在意义，实现高校精神体验的自我强化。

（3）激发高校精神的创新

唯物史观指出，人民群众是历史的创造者，高校庆典活动正是激发高校精神创新的重要场合，活动的参与者实际上推动着高校精神的创新。基于庆典活动的持续性和反复性，高校得以不断将最新的时代精神和价值理念融入活动中，不断重构高校精神的要素。

（4）增强师生自豪感，提升学校凝聚力

一所高校的内涵、底蕴是随着高校的发展而逐步形成的，并最终成为高校的特色所在，甚至还会在很大程度上对学校的教育、研究、管理等多个领域产生影响，进而影响到全体师生员工。地方高校举办庆典活动的过程，其实也是重现

学校重要历程、重温学校思想底蕴的过程。这种做法能够在很大程度上帮助教师和学生更深入地了解学校的历史背景，深化他们对学校传统的认知，增强校园凝聚力。

（二）庆典活动设计

1.庆典活动设计的基本原则

地方高校庆典活动要尽量做到"四个契合"，即活动内容契合高校价值观、活动规模契合高校资源优势、活动形式契合高校师生习惯、活动目的契合高校事业发展需求。成功的庆典活动一定是"四个契合"的和谐统一，忽视任何一项都会让人感觉活动留有遗憾，若不能满足其中几项，则活动注定是失败的。

（1）庆典活动内容要契合高校价值观

各个高校均有其独特的历史传承，在这一过程中也沉淀下不同的价值观，有的高校注重继承传统，有的则开放创新，有的则兼容并包。同样的庆典活动，在不同的学校举办，可能效果会完全不同，其主要原因就在于与高校价值观的契合程度上。这一点是直接决定活动能否成功举办的首要因素。

（2）庆典活动规模要契合高校资源优势

规模是庆典活动的重要因素，但绝不是首要因素，更不是唯一因素。庆典活动想采取多大规模，必须考虑活动形式、活动场所、安保要求等诸多因素，特别是要与地方高校资源优势相契合。总之，地方高校庆典活动应采取多大规模，要本着实事求是的原则，从高校自身资源优势出发，充分考虑诸多因素之后慎重决定。

（3）庆典活动形式要契合高校师生习惯

高校中称得上"庆典"的活动一般具有一定的历史传承性，这些活动既是高校师生积极参与校园文化的产物，同时也在影响着师生的接受习惯、欣赏习惯、行为习惯等。不符合师生习惯的庆典活动，大多反应平平，甚至会产生相反的效果。地方高校举办庆典活动，要把庆典活动视为生长在独特校园文化土壤上的一棵树，树木要枝繁叶茂，就需要长时间耐心地浇灌、修剪，"十年树木，百年树人"，要真正把庆典活动做成富含教育意义、能够服务于"立德树人"的活动。

（4）庆典活动目的要契合高校事业发展需求

庆典活动要有明确的目的以及期望实现的意义，否则就是在浪费资源，挤占校园学习生活空间。一场成功的庆典活动需要投入相当大的人力物力，甚至需要协调包括地方政府在内的多方资源。从绩效的角度来看，庆典活动必须能切实推动地方高校事业发展，不然必定是入不敷出的。

2. 庆典活动的基本程序

在正式筹划庆典活动之前，首先要确立项目理念，让学生走出传统课堂，进行深入的文化探索，积极与其他文化进行交流碰撞，展示自身民族文化的风采，促进文化的交流，提高学生的综合能力。其次要设计项目方案。具体实施过程如下：

（1）策划与召集

在院系负责人及辅导员的指导下确定主题及规模，并由学生会进行活动方案的制订，群策群力，对活动的准备流程进行梳理与完善。同时，面向全校学生进行活动宣传及工作部署，要求各班全员参与，成立展台制作及节目表演工作组，并建立团队负责人机制，便于统筹沟通。同时，鼓励全校各年级学生自由组队，并面向各中外学生组织及社团进行主持人、节目表演团队、展台团队的召集。

（2）院内院外宣传

通过学院微信公众号、任课教师、各院系辅导员等多渠道进行活动宣传推广及预热。

第一，通过在公众号科普庆典历史背景，推送往届庆典的精彩瞬间、优秀展台介绍等内容，加深学生们对庆典的理解，提高他们的兴趣，鼓励他们为展台策划提供灵感，同时也借此吸引有才艺的同学报名舞台节目表演，一展风采。

第二，通过各院系公众号联动，号召全校学生参与支持。此外，主办方积极联系各学生组织，如主持队、社团等，向筹备组推荐优秀人才，使庆典的内容更加丰富多元。

第三，通过各院教师及学生的推广，也能够吸引到许多学生报名参加节目表演。

第四，在筹备工作的中后期，对活动进行多方位宣传，制作好宣传视频、海报、传单、易拉宝、"庆典"攻略及"庆典"地图等，吸引广大师生前来体验。

（3）主持人、展台、节目审核选拔

主办方根据报名情况对项目的各组成部分进行严格审核。初审中围绕各展台的设计理念、文化元素、具体内容、可行性等进行评估，并对存在的问题进行研究讨论，提出中肯建议。复审着重考察改良程度、实操性及成熟度，如展台宣传板是否绘制完成、所需道具是否配齐到位等。除此之外，还包括舞台部分的节目审核及彩排。对表演人员的舞台表现力、伴奏、服装、节目效果等给出相关改进建议。关于节目顺序的安排及调整，丰富节目的多样性，增强观赏性，其中还包括主持人的彩排，以确保主持人第一时间掌握舞台节目的细节更新。

（4）正式开幕

师生共同欣赏节目，在表演中场休息时可到各个展台进行文化体验。

二、交流活动

中外文化的相互交融和发展推动了我国教育国际化进程，也吸引了越来越多的外国留学生到中国来学习和生活。在中外交流不断深化的大背景与多元文化的校园环境下，当代大学生的思想观念和行为模式越来越国际化。与此同时，高校教育者所面对的中外学生交流工作也迎来了更大的机遇与挑战。开展中外学生交流活动是提升中国大学生国际素养和综合素质的重要途径，能够提升学生沟通的能力，使他们以更宽的视野去观察世界。另外，交流活动能够向外国留学生有效传播中国文化，使其摆脱符号化的刻板印象，用真实交流与碰撞传递真实的中国文化与价值观念，实现国家软实力的增强。

（一）交流活动的基本特征

1. 以本地特色文化资源和多元文化环境为基础

地方高校交流活动最主要的特色是立足高校本地文化资源与高校本身的多元文化环境，是本地文化建设的组成部分。

首先，高校校园是知识诞生与滋长的地方，每所高校在历史长河中孕育出的独特的精神文化与知识内核是开展交流活动的最大特色。高校在这个探索过程中锻造了属于自身的校园灵魂因素，无论是办学理念还是学生与教工的价值追求，无论是校园里的一草一木还是课程设置所传达的长远规划，这一切均是高校的本地文化资源。

其次，高校的最初形成与创立是基于人类对知识的探索与文化传播的渴求，根据百家争鸣的基本特征，高校具有多元文化融合的传统。作为知识主体的人类在高校学术环境下是去隔膜化的，通过碰撞和交流才能进行知识与文明的交互发展与传播，这使得高校具有多元文化环境这一得天独厚的优势。

基于以上两点分析，高校独立精神的交流具有深厚的历史背景，高校的国际化课程、国际会议、学生参与国际事务、各国学生在一起学习生活等众多因素共同创造了各高校独一无二的人文环境，使高校校园里充满自由、平等、开放、包容的氛围，并由此促进了中外学生的交流分享。

众所周知，人才培养、科学研究、服务社会和文化传承创新是高等学校的四大功能。高校作为科研单位，是文明的载体和发展的动力，高校的国际交流合作对于提升我国的文化软实力具有重要的意义，因此对以高校为基地的文化交流活动的认识，应该上升到承担国家文化传播任务的高度，同时又应该落到本土，以本地文化建设为基础开展有实力的交流。

2. 以和谐共生、共同成长、增强文化自信为目标

在地方高校校园里，成功的文化交流需要"接地气"。留学生来自不同的国家，拥有不同的文化背景、风俗习惯、宗教信仰等，是真实的社会人，带来的是真实的原生文化。同样，中国学生来自不同的中国家庭，全家人是整个社会生活的真实参与者，拥有中国的过去、现在和未来。中外学生的校园生活不是展览，不是刻意为之的表演，而是真实的人生。中外学生交融在一起，形成一个"有序大爆炸"的社交群落，在这个群落里，文化交流活动拥有真实的语言输入和输出环境，拥有中外传统与现代文化体验，有真实的交流矛盾，也一定有沟通障碍。既然是"有序大爆炸"的社交，就要以和谐共生和共同成长为目标。对中国学生来说，其目标是零距离感受外语和外国文化，了解异乡风俗，打开眼界，提升外语能力和跨文化交际能力。对外国留学生来说，目标是学习汉语和专业知识，感受文明古国的文化积淀，了解当代中国和认知中国社会。文化交流活动可以通过"随风潜入夜，润物细无声"[①]的方式转变外国人对中国的刻板印象，使之成为中外友好交流的使者。有和谐才有发展的可能，才有沟通的意义，才有交流的基础，和谐是交流活动成功的根本保障。

充分培育大学生文化自信是交流活动的另一个特色。文化交流是建立在大学生对本民族传统文化优质性的认同感之上的，也是在认知过程中大学生自觉或不自觉形成的一种丰富而又稳定的归属状态。大学生对本民族优秀传统文化的认同

---

① 陈忠来.唐诗新语[M].北京：新华出版社，2016：231.

感与归属感愈强，其自发形成的文化自信力就愈高。大学校园里的文化交流活动会为大学生展示本国本民族优秀文化提供阵地，中国大学生自觉学习本民族优秀传统文化，讲好中国故事，以身为中国人而自豪，为璀璨的中国文化而骄傲，这是潜移默化获得的文化自信与民族认同，可以通过组织校园文化交流活动来带动，以快速提升大学生的文化自信。

3. 学校组织牵头，明确主题，学生自主交流

地方高校校园的中外交流活动一般由一个学校或部门单独牵头，或多个学校多个机构共同牵头组织，一次活动确定一个主题，如果是系列活动，则每次活动拥有独立主题，但整体要紧密服务于同一个主题。活动以中外学生为主体，围绕该主题设定情境或自主交流。

（二）交流活动设计

1. 交流活动设计的基本原则

（1）把握国家政策要求

加强和改进中外人文交流工作，要坚持以人为本、平等互鉴、开放包容、机制示范、多方参与、以我为主、改革创新等原则，坚持"走出去"和"引进来"双向发力，重点支持汉语、中医药、武术、美食、节日民俗以及其他非物质文化遗产等代表性项目走出去，深化中外留学与合作办学，高校和科研机构国际协同创新，文物、美术和音乐展演，大型体育赛事举办和重点体育项目发展等方面的合作。中外学生交流活动的策划必须把握国家政策要求，对交流活动的主题、内容、形式等严格把关。

在文化交流的过程中，不同文化间的交流、融合、博弈不可避免，同时这也是促进民族文化实现可持续发展的关键。中外文化交流的输入输出方或交替进行，目的也庞杂多变，在历史上曲折向前，交流本身就是变化的。由此，当代大学的交流活动一定要以习近平新时代中国特色社会主义思想为指导，把握国家高等教育政策中的国际化要求，通过中外学生的交流与理解，培养大学生的国际视野，提高他们对复杂世界的认识和辨别能力，深刻理解中国在新的世界格局中面临的机遇和挑战，增强"四个自信"。同时，传播和弘扬中华优秀文化，讲好中国故事，培养家国情怀，激发学生爱国报国的使命感。组织活动时有了根本遵循，才能确保各种交流活动的成功。

（2）创新交流活动形式

策划丰富多样的中外学生交流活动就意味着活动要能长久保持吸引力并持续发展。

第一，学校要通过交流活动的平台引导学生自我管理、自我教育，吸引更多人才参与组织策划，提供交流活动项目的新鲜点子，并富有活力地开展工作，让创新无处不在，让学生无论是参与组织还是参与交流都能有平等和充足的机会，让学生体会到无论是策划组织还是亲身交流都是一种享受。

第二，鼓励中国学生之间、中国学生与外国学生之间、外国学生之间的交流，为提高学生的跨文化交际和深度对话能力创造条件。学生仅在心理上"期待"还不够，他们与来自其他文化的人有效交际的能力和技巧制约了交流活动现场的发挥，因此学校还可以创办一些同一文化群体内的交流活动。

第三，同一国家的学生自发抱团是很正常的，学校应该不断创新，想办法支持和鼓励每个学生在交流活动中不再只"抱紧"自己的小伙伴，帮助他们克服不安全感，克服受到排斥的畏惧，鼓励他们大胆地走出去，哪怕一个人也能在陌生的小群体里自信而愉快地交往。

第四，要变换交流场所，为不同的活动配以相应的场景，多样的交流场所有助于学生积极主动参与活动。

2. 交流活动的基本形式

中外学生文化交流系列活动是在校团委教师的监督指导下，由校学生会留学生联络中心总体牵头，联合校学生会其他部门及其他校级组织共同完成相关策划活动及各项后续工作。中外学生文化交流系列活动内容丰富、形式多样，每学年可根据时政潮流、学生喜好等进行活动形式及内容上的更新。系列活动主要包括文化体验、互动交流、文艺体育三大类，让中外学生多角度、全方面地互相了解、交流与接触。学生们通过沉浸体验、动手实践、比赛竞技等多种方式，能够学习到课本上学不到的知识，收获更多真实、有效、最新、地道的关于语言用法、文化特色、传统习俗、风土人情等方面的知识。通过这些方式，学生获取知识的途径既不枯燥又直观可感，还可以通过正确的途径对各个国家的文化形成正确的认知。中外学生通过活动既丰富了课余生活又收获了友谊，活动的影响及效益不会因活动结束而停止，后续的交往也有助于培养同学们开放包容、勇于探索的性格与思维。

文化体验类活动大多为灵活度高的小型活动，每个活动都有一个明确的主题。活动主题多为中国传统文化符号，为中外学生提供了围绕该主题进行交流、探讨、动手实践的活动平台。此类活动通常以主动报名的方式开展，前期宣传的同时也会开放线上报名通道，主办方将根据活动大小限制相应名额，学生们通过报名参与。活动主题贴近中华优秀传统文化，因此对留学生格外有吸引力，很多留学生结伴参加，既真实体验了中国文化，还可将自己动手完成的文化工艺品留作纪念。

互动交流类活动不局限于以中国传统文化符号为主题，形式更为简单化、娱乐化。互动交流类活动更倾向于沙龙式而非正式聚会活动，人数有限、轻松随意、自由度高，没有过多的活动规则，同学们可以自由展现真实的一面，平等交流、各抒己见，在很大程度上锻炼了学生的人际交往能力与自我表达能力。

文艺体育类活动多为比赛竞技类活动，通常为较大型的传承类活动。此类活动以竞技为形式，中外学生可组队参与。虽然每个活动内容相对固定，但仍可根据时下焦点确定主题、制定活动细节。每学年举办活动的时间基本固定，但规则赛制等会不断更新调整，旨在为学生们提供更好的竞技平台。有特长或者零基础但有意愿挑战自我、展现自我的同学都可在这些活动中公平竞争、同台竞技。活动中，各国的优秀学生一展风采，虽然大家说着不同的语言，拥有不同的肤色，但都在为胜利而努力拼搏着。

第三节　地方高校校园文化建设的启示

一、基于跨文化交际的校园文化建设经验

（一）确立组织体系、策划方案和制度规范

1.建立完善的组织体系和工作机制

基于跨文化交际的校园文化建设是地方高校国际化人才培养不可或缺的一部分，所以地方高校要有专门的国际化人才培养的组织机构来负责此项工作，定期商讨或在大型活动前商定方案。在教学课程方面，开设跨文化交际的课程；在学生活动管理层面，对工作人员和学生干部进行有针对性的跨文化交际培训，组织跨文化交流的线上线下系列活动；尤其是在规模较大的跨文化交流活动中，要建

立现场临时的处理突发事件的工作机构，及时处理活动进程中的事宜。

2.要有完善的策划方案和制度规范

高校中外学生年龄在18～23岁之间，除经历从中学到大学的转变外，留学生还要经历国家之间的转变，因此跨文化交流活动首先要考虑到学生身心的健康成长、道德和法律等基本规范的教育以及人生观、价值观的培育。对我国学生来讲，还要考虑总体国家安全观的教育与引导。因此，从学校层面来讲，地方高校要制定中外学生对外交往的相关规定以及跨文化交流活动的组织规范等。从具体的跨文化交流活动策划来讲，要做好相关的防范预案和教育培训，必要的时候让参与者签订承诺书、保证书或协议书等。

（二）搭建适合中外学生跨文化交际的活动场域

跨文化交际需要在一个场域中完成，这种场域虽然可以是自然形成的，但在多数情况特别是我国的高校中，更多地需要人为创设。也就是说，地方高校要提升学生的跨文化交际能力，必须搭建跨文化交际的平台，给予中外学生文化交流、文化模仿、相互影响、文化澄清和行为调整的活动场所，这是跨文化交际成为可能的客观环境和先决条件。

创设中外学生跨文化交际的场域，就是为中外学生搭建一个生活、学习、社会交往的适宜空间或外部环境，既可以是日常生活起居的自然场域，也可以是课堂教学和日常学习的教学场域，还可以是有计划、有组织的大型中外学生交流交际的第二课堂活动，比如中外学生歌手大赛、中外学生志愿服务活动、世界文化节、中外学生语伴大赛、中外学生旗袍风采大赛等。这些活动都是中外学生共同感兴趣的、符合青年学生特点的平台，其更重要的价值还在于活动的前期和过程中对中外学生跨文化交际和交流能力的培养与锻炼。

（三）加强跨文化交际过程中的教育和指导

1.加强跨文化交际的教育和引导的必要性

在中外学生跨文化交际过程中，建立良好和谐的关系是双方期待的心理需求，同时也是跨文化交际能力提升的基础和前提条件。美国耶鲁大学心理学教授奥尔德弗（Alderfer）于1969年在《人类需要心理的经验测试》一文中修正了马斯洛（Maslow）的论点，认为人的需要不是分为五种，而是三种：生存的需要（Existence），包括生理与安全的需要；相互关系和谐的需要（Relatedness），包括有意义的社会人际关系；成长的需要（Growth），包括人类潜能的发展、自尊和自我实现。奥尔德弗需要论简称为 EGR 需要理论。因此，对中外青年学生而言，需要帮助他们在跨文化交际的初期，了解更多的跨文化交际的知识与技能，增强跨文化交际的自觉性和对文化差异的敏感性，教他们掌握一些处理跨文化交际过程中矛盾的技能，如此有利于满足双方的心理需求，从而提升跨文化交际的成效。

2. 影响中外学生跨文化交际的主要因素

（1）中外学生交流所用的语言及其表达能力

对多数留学生来讲，他们在入学前学习过汉语，并且通过了一定级别的汉语水平考试。但是当他们与中国人交流时，会发现自己的汉语中国人听不明白，中国人的汉语自己也不明白，因此会出现暂时性失语，后来通过不断的接触和实践，他们发现有以下几个方面的语言问题：

一是口音问题。来华留学生曾在不同的国家或中国的不同省份接受不同教师教授的汉语，就像一些留学生所说的，在山东学习的普通话有山东味，在东北学习的普通话有东北味，在江浙学习的普通话有江浙味，在广东学习的普通话有广东味，当他们从一个环境来到另一个环境时，就会遇到此类问题。

二是音调和语序问题。来华留学生在学习汉语时，会不自觉地带有自己本民族语言的发声和组织语言的惯性，这会影响到音调的准确性和语序的合理性，也会影响到他们对汉语的学习和与他人的交流沟通。

三是口语表达书面化。有的来华留学生在本国学习的汉语大多是书面标准用语，来到中国后发现中国人在日常交流时说得很简单。他们担心自己说得不地道，所以不敢开口。在交流时，由于缺少相同的文化语境，中外学生很难深入地交流和沟通。

对中国学生来讲，如果用汉语交流肯定没有问题，可如果用其他国家的语言交流，同样存在语言表达能力影响跨文化交际的问题。

（2）各国文化价值观差异

霍夫斯泰德（Hofstede）的文化维度理论是通过对各国人最深层的文化价值观的研究得出的，并且通过隐性的方式，比如时间观念、交流的喜好方式、朋友间交往的方式和态度、消费观念、信仰等影响着人的思想观念和行为方式。在中外学生跨文化交际的过程中，文化价值观起着举足轻重的作用，决定着他们跨文化交际的冲突程度和深度，是影响跨文化交际是否融洽的关键指标。

因此，中外学生跨文化交际的过程中不可避免地会遇到中外文化冲突。通过中国文化价值观和其他各国文化价值观的比较可以看出：对于与我国文化价值观（尤其是集体主义和个人主义这一维度）差异特别大的国家的留学生，遇到的文化冲突越大，跨文化交际的困难就越大；对于与我国文化价值观相近国家的留学生，跨文化交际的困难相对较小。在解决跨文化交际过程中的问题时，首先，就如何防范和解决进行协商，而不是强化双方的文化冲突；其次，冲突平息以后，再进行文化差异和文化冲突的解释与说明工作，这样既解决了问题，又增进了双方对文化差异的理解。这就需要我们对常见文化冲突和矛盾进行文化价值观的比较研究，构建一套解释话语体系，增进中外学生的相互理解。

3. 加强跨文化教育和引导的任务、目标与主要内容

（1）跨文化教育的任务和目标

跨文化教育的任务和目标就是增进不同文化间的交流、理解和鉴赏。跨文化教育或多元文化教育要能促进学生对文化多样性的尊重、相互理解，促进尊重文化的多样性及增强理解可以确认的不同团体的文化，增进国际理解，并使同各种排斥现象做斗争成为可能，其目的是从理解自己人民的文化发展到鉴赏邻国人民的文化，并最终鉴赏世界性文化。

（2）跨文化教育的主要内容

第一，设计跨文化教育的课程和教材。设计跨文化教育的课程应在文化和教育专家以及人类学家、社会学家、心理学家和其他学者的参与下共同编制，选择一种或若干种语言（母语、民族语言或外语）作为单独的科目或作为学习其他科目的媒介，应该包括世界文化、思想和创造性发展的要素，应避免使用权利冲突或对抗的词语来展示历史，应避免过分强调那些容易导致人类社会发生冲突的主题，鼓励学生思考各种文化交流的益处、相互影响和补充以及各国对世界文明的贡献。教育要培养学生的伦理与公民价值观，如尊严、宽容、团结和互助，还要向学生介绍当代世界重大问题，引导他们形成一种团结和负责的精神。通过课程的学习，中外学生增强了对各国文化知识的了解，包括了解中外学生国家的表层文化和深层文化。表层文化包括艺术、音乐、习俗、语言、节日、时尚、戏剧、文学、建筑、传统；深层文化包括自我概念、宗教、信念、行为方式、规则、价值观（好和坏）、抵触、思维方式。此外，还要让中外学生习得对待世界各国文化的态度和行为方式。

第二，进行文化价值观的澄清解释工作。要帮助中外学生区分普遍的文化和具体的文化分类，要辨析文化相对主义，进行文化比较的专题学习，或通过角色扮演等寻求跨文化的感知。日常消费、请客吃饭、对待父母、娱乐活动、文化禁忌、朋友关系、时间概念等都会存在差异。在价值观澄清的过程中，我们可以按照外显的行动—行为方式—价值观三个步骤来进行。比如，中国学生见到教授非常有礼貌，这与中国传统的尊师重教的行为方式有关。

第三，进行跨文化敏感性训练和其他相关内容的跨文化培训。通过搭建中外学生跨文化交流活动的平台，中外学生在实际交往中有意识地感受和培养识别文化差异的能力，增强跨文化交际过程中对文化差异的敏感性，并做出合乎双方意愿的行为反应。

第四，要互相尊重各国文化禁忌。由于文化习俗和文化传统的差异，中外学生在语言表达和肢体语言上要注意各国文化禁忌，以避免不必要的冲突。

（3）加强跨文化交际教育和管理者的培训

随着国家对来华留学生趋同化管理政策的实施，中外学生的管理趋向统一的教育、发展和服务。但是，来华留学生教育管理仍有其特殊的政策制度要求，所以在实际趋同化过程中也会面临很多"特殊"的地方，给地方高校的中外学生管理者带来很大困扰。这就需要培养一支既有过硬的日常教育管理能力，又有很强的科研创新能力的研究队伍，必要时安排到国外进行跨文化体验和学习，创造机会让中外学生教育管理人员到国外亲身体验跨文化适应的过程，学习国外高校国际学生跨文化教育和管理方面的经验。

二、基于跨文化交际的校园文化建设前景

（一）地方高校校园文化建设的现状

1.地方高校校园跨文化活动的组织方式

目前，地方高校中外学生跨文化交际的校园文化活动形式大致可以分为自发的和有组织的两种。自发的跨文化交际主要是由中外学生个人发起的中外学生个体之间的交际，比较松散，有以兴趣爱好为载体的交际，有以语言学习为载体的交际（语伴文化），有以日常学习生活的咨询为目的的交际等，持续时间不定。自发的跨文化交际属于个体行为，交际的产生和双方的需求与个体的个性特点有

很大关系，学校要加强学生自律、自爱、自护方面的教育和引导。

有组织的跨文化交际主要是指由学校官方组织，并依托学生社团组织开展的跨文化交流活动，比如世界文化节、"最强语伴"大赛等，也有以学业交流为主的志愿帮扶活动等。学生社团作为跨文化交际的平台，为有意愿进行跨文化交际的中外学生创造了条件。同时，有组织的中外学生跨文化交流活动面临较大的风险；除了风险，有组织的跨文化交流活动中的留学生具有很大的不确定性，需要多次沟通与交流。正是因为这样，对于中外学生来讲，这个过程本身就是感知和了解双方文化价值观、处理事情的方式、做人做事的特点等的最佳机会，地方高校跨文化交际的教育和引导作用不言而喻。

2. 地方高校校园跨文化活动的内容

地方高校中外学生通过参加学生组织的活动、社团活动、社会实践和公益活动等，提升自身的跨文化交际能力和水平。

目前，校园跨文化活动分为三类：第一类是以世界各国文化或几个国家文化为主题的交流活动，比如世界文化节等；第二类是以中国传统文化、中国国情、中外艺体娱乐文化交流为主题的活动，这类活动既有助于留学生学习、了解中国的语言文化，也有利于中国学生在共同学习和交流中增强文化自信、民族自信，鼓励他们积极主动参与跨文化交际的校园文化活动，在互动中实现中外学生的相互融合；第三类是社会实践、志愿公益服务等形式的跨文化活动。这类活动深入社会，是高校校园跨文化活动的外展性活动，对于留学生来讲意义更大。

3. 地方高校校园文化建设仍处于自发阶段

地方高校跨文化交际的相关活动目前仍处于自发阶段，由自发到自觉阶段还需要教育和管理工作者科学设计、精心谋划、模拟训练等。

（二）地方高校校园文化建设的发展趋势

信息化时代的迅速发展为地方高校校园文化建设提供了新的机遇，而社会的发展又对人才培养提出了新的要求，因此，今后的校园文化建设可能会呈现出以下发展趋势：

第一，信息时代的快速发展为校园文化建设提供了新途径。校园文化建设要重视利用新媒体网络交流平台，借助平等交互模式，凸显信息共享优势，使参与者在平等的双向交流中各抒己见，充分发挥校园文化建设各方参与者的积极性与主动性。在校园文化活动的宣传方面，新媒体可以形成集图像、声音和视频为一体的立体传递方式，新颖的形式更能引起学生关注，以推动校园文化活动有序进行。大数据时代的迅速发展为校园文化建设提供了机遇，其信息泛化和虚拟性的特征也对校园文化建设的健康有序发展提出了挑战，因此，高校在利用新媒体平台时要加强监控、正确引导舆论和客观反映现实。

第二，校园文化建设的最终目标是培养德智体美劳全面发展的社会主义建设者和接班人，因此学生的实际需求仍是今后校园文化建设努力的方向。高校校园文化建设要尊重学生的个体特征，正视学生能力素质存在的差异，通过开展校园文化新模式，助力学生不断完善自我。除了校园社团、文体活动等传统模式外，校园文化建设的国际化趋势越来越明显，并注重将文化活动引入学生的日常生活，丰富学校的第二课堂文化建设，力求为大学生适应时代发展需求提供更多、更宽广的展示平台及资源积累。校园文化活动可根据本校的办学理念和学业特色举办，树立品牌意识，以使校园文化建设发挥最大效应。

第三，校园文化中的物质文化、精神文化、制度文化要均衡发展，物质文化具有基础性保障作用，因此必要的经费和设备设施的投入必不可少。精神文化建设凸显了一所学校自身的历史文化传承、办学理念等区别于其他高校的代表性特征，具有不可替代性。新时代的发展对校园精神文化建设提出了新的要求。例如，要大力弘扬中华优秀传统文化，增强文化自信和民族自豪感，讲好中国故事，传播中国声音，将校园文化建设与民族复兴结合起来，营造浓郁的"中国梦"氛围，也是今后校园文化建设的发展趋势。为此，要通过开展各种活动来引导大学生树立社会主义核心价值观，促进思想政治教育与文化知识学习协调发展，这样才有助于提高校园文化建设的质量，以便更好地发挥思想政治教育的积极作用。制度文化发挥着不可替代的"他律"作用，同时也具有管理育人的功能。校风校纪不仅是一所学校的文化彰显，更是校园文化建设的重要组成部分和顺利开展校园文化活动的保障。在制定与校风校纪相关的制度时要体现科学性和合理性，在落地执行时，相关人员要持谨慎的态度，以确保取得良好效果。

总之，地方高校校园文化建设是一项与时俱进的任务，在任何时候都要与社会的发展需求相适应。

第五章　地方高校跨文化交际能力培养探究

　　本章为地方高校跨文化交际能力培养探究，主要内容包括跨文化交际能力概述，跨文化交际能力培养的目的、内容与原则以及跨文化交际能力培养的模式与策略。

第一节　跨文化交际能力概述

一、交际能力与跨文化交际能力

交际能力是人类与他者交流和沟通的基本能力，也是跨文化交际能力的基础和前提，而跨文化交际能力则要求交际者除了具备人类基本的交际能力外，还应该具有外语能力和跨文化敏觉力等。

（一）交际能力

20 世纪 70 年代，美国人类学家海姆斯（Hymes）在《论交际能力》中首先提出了交际能力的概念。海姆斯将交际能力界定为对语言的使用能力，主要涵盖语法性、可行性、得体性、现实性四个方面的内容。乔姆斯基（Chomsky）并不关注语言在具体环境中的运用，只关注比语言抽象的语法。海姆斯提出的交际能力理论的范畴要远远大于乔姆斯基提出的语言能力的范畴。海姆斯在提出这一概念时侧重语言的得体性，也就是在使用语言的时候，语言应该更注意符合具体社会环境的要求，即时间地点、交际对象、内容以及谈话方式等。他认为交际能力应包含四个方面的内容：

第一，语法的正确性，即语言形式要正确。

第二，语言的可行性，即交际对象在心理上的接受度。

第三，语言的得体性，即交谈时要根据具体环境和对象选择得体的语言。

第四，语言的现实性，指语言实现其交际功能并产生相应的影响。

随着"交际能力"概念的提出，语言学家们对交际能力发表了各自不同的看法。其中最具影响力和代表性的是美国的卡纳尔（Canale）、斯温（Swain）和欧洲的范艾克（VanEk）。在卡纳尔和斯温的研究里，他们认为"交际能力包括语言能力、社会语言能力、篇章能力和交际策略四个方面"[①]。这个观点已经被大多数业界人士认可。范艾克认为交际能力所涵盖的范围应该更大、更全面。他认为外语交际能力应该包括语言能力、社会语言能力、篇章能力、交际策略、社会文

[①]　严明.跨文化交际理论研究 [M].哈尔滨：黑龙江大学出版社，2009：35.

化能力、社会能力。范艾克与卡纳尔和斯温的不同之处在于增加了社会能力和社会文化能力。这两项能力正是范艾克交际能力研究的精彩之处，精彩在于其道出了交际能力的本质。随着心理学的发展，10 年后，巴克曼（Buckman）和帕尔默（Palmer）将交际能力重新划分为语言能力、策略能力和生理心理机制三个部分。语言能力包括组织能力和语用能力两部分。策略能力是运用语言知识的心理能力，是语言能力与现实世界沟通的桥梁。生理心理机制是语言交际能力的生理心理基础，是语言交际能力赖以存在和发展的前提。我们要培养学生的交际能力必须考虑学生的生理心理机制特点。显然，巴克曼和帕尔默的理论把前辈关于交际能力的理论往前推进了一步。在陈国明的研究中，"交际能力"被称为沟通能力或胜任度，而"有效性"与"适当性"则构成了交际能力的主要内涵，有效性意指个人在互动过程中用以产生某种意欲结果的能力，适当性则泛指互动者达到沟通情境的脉络需求的能力。

我国学者胡文仲认为"交际能力可以分为语言能力和社会语言能力"[1]。束定芳、庄智象指出，"交际能力体现在交际的主体利用各种语言和非语言手段达到最终目的的能力上"[2]。

（二）跨文化交际能力

跨文化交际是指具有不同文化背景的人从事交际活动的过程。至于交际的效能如何，主要取决于交际双方的跨文化敏感度、沟通技巧和交际行为的灵活性等，即取决于交际者的跨文化交际能力。韩国学者金（Kim）曾经对跨文化交际能力做过比较具体的界定："跨文化交际能力是个体所具有的内在能力，能够处理跨文化交际中的关键性问题，如文化差异、文化陌生感、本文化群体内部的态度，以及随之而来的心理压力等。"[3] 这种能力并非与生俱来或一蹴而就，必须经由一段教育与学习的过程才能习得。正如一些学者指出的，在全球化到来的今天，当我们面对文化多元互动时，详加探讨跨文化交际能力的意义与内涵，便日趋重要。唯有经由跨文化交际能力，我们才能在全球化社会里，与来自不同文化背景的人们，有效与适当地沟通。由此可见，跨文化交际能力培养的基本因素和途径，是跨文化交际学者和第二语言教师应该关注的重点。根据陈国明的论述，"跨文化

---

① 胡文仲.跨文化交际学概论 [M]. 北京：外语教学与研究出版社，1999：156.
② 束定芳，庄智象.现代外语教学 [M]. 上海：上海外语教育出版社，2006：83.
③ 严明.跨文化交际理论研究 [M].哈尔滨：黑龙江大学出版社，2009：146.

沟通能力是沟通能力的延伸。两者的定义大同小异，唯一的区别在于，跨文化沟通能力特别强调情境脉络的重要性。这种对情境脉络的强调，除了重视人与人之间互动的有效性与适当性外，也很注意人与沟通环境之间的互动和双方的文化认同。因此跨文化沟通能力可以定义为'互动者谈判文化意义与适当地在一个特殊环境下使用有效的沟通行为，以便确认双方多重认同的能力'"[①]。

二、跨文化交际能力的基本要素

跨文化交际是一个多学科交叉、跨越性很强的新兴学科，这种跨越性决定了跨文化交际能力的立体性。跨文化交际能力是 20 世纪 90 年代针对跨文化交际人才培养提出的一种能力范式，它强调交际者的跨文化敏觉力、跨文化意识、处理文化差异的技巧和灵活性。这三个部分不是孤立存在的，它们之间有着紧密的联系和层级关系，即跨文化敏觉力处于最底层，处理文化差异的技巧和灵活性处于最高层，跨文化意识则处于两者之间。换句话说，只有当交际者对各类文化差异萌生了敏锐的意识，才可能产生宽容的文化态度和交际的兴趣，才会面对不同的跨文化情景进行积极的自我调适，跨文化意识才会渐次增强，进而采取灵活自如的处理方式，由此达到很高的跨文化交际效能。据此，我们可以看出跨文化能力的培养是由低到高、循序渐进的。

（一）跨文化敏觉力

跨文化敏觉力是跨文化交际能力的基本要素。有学者指出，跨文化敏觉力代表跨文化沟通能力的情感面向，它代表一个人在某种特殊的情境或与不同文化的人互动时情绪或情感的变化。跨文化沟通的情感面向特别指出，具有跨文化沟通能力的人，能够在互动之前、之中和之后，投射与接收正面的情感反应。这种正面的情感反应，最终会把当事人带到认可与接受文化差异的境界，这个过程正是发展跨文化敏觉力的过程。贝内特（Bennett）认为跨文化敏觉力是个发展的过程。一个人能够在认知、情感以及行为层次，把自己从我族中心的阶段转化到我族相对的阶段。这个转化的过程包括六个阶段：否认文化差异的存在；对抗认知到的威胁，以试着保护自己世界观的核心；试图把差异藏匿在文化相似性的伞下，以

① 陈国明. 跨文化交际学 [M]. 上海：华东师范大学出版社，2009：161.

保护自己的世界观；开始接受文化与行为上的差异；开始发展对文化差异的移情能力并成为双重或多重文化人；能够把我族相对主义用到自己认同之上，而且体验到差异其实是人生很重要与值得愉悦的一部分。

文化差异的敏感性，不仅是对文化表层，更是强调对文化深层差异的识别能力。文化表层的差异显而易见，不需要特别的训练就可以识别，而文化深层的差异通常隐含在人们的行为和思想中，不易直接观察到，如西方人习惯的低情境交际和东方人采用的高情境交际是不易直观看到的，因此有意识地培养对文化深层差异的敏感性就显得尤为重要，这必须依赖于对不同文化的比较及对文化差异相关知识和经验的积累。

跨文化敏觉力是一个内涵丰富的能力概念，它包含了交际者的自信心、开明度、自适力、中立的态度以及社交的从容等相互联系的几个层面。

作为一个面对全新异文化的交际者，首先对自己的文化和自身素养要有很强的自信心，这种自信心使交际者在面临各种交际情景时采取乐观积极的态度，从而更易于接受他人和他文化，也较易于被对方交际者理解和接受。同时，自信心让交际者在跨文化交际中遇到挫折、误解或疏离时，能够相对自如地应对这些交际逆境，更快走出交际困境。

跨文化交际的开明度意味着交际者要有多元文化心态，对异质文化采取宽容理解并尽量去接纳的态度，而不是以自我文化为中心，以自己的文化价值观去衡量和评价对方交际者的言行。同时，开明度还包含交际者愿意适当解释对方不易理解和接受的自己的语言和行为，也乐于聆听对方在交际过程中的解释。其实，跨文化交际的开明度是阿德勒（Adler）在1977年提出的"多重文化人"。多重文化人能够接受不同于他们自己的生活形态，更能在心理和社交方面掌握实体的多重性。换言之，跨文化敏觉力强的人，不仅能够了解一个观念，可以用多种不同的形式来加以表达，并且对世界具有一个内化与广阔的概念。这些都是开放心灵的表征，促使一个人愿意认可甚至接受不同的观点。这种为他人设想与承受别人需求的特性，在跨文化交流中，就是相互确认与认可彼此文化的发挥。

自适力是指在跨文化交际中，交际者根据交际情景和交际时间不断地进行自我调节适应并进行有效交际的能力。据研究表明，自适力强的交际者对周遭的环境和对方交际者的行动更敏感，能够迅速捕捉到交际中的可用信息以及交际中适时的变化，并调整自己的言行，以尽可能完成交际任务，达到交际目标。

中立的态度主要指交际者在真诚倾听对方的言语时，能够主动摆脱自己文化带来的思维模式的定式，积极倾听对方的语言和意识，理解对方语言中的文化密码和交际意图。在对话过程中，交际者会尽量采用描述性而非评价性和判断性的语言和态度，不以自己的文化价值为标准和依据去评论别人的行为，否则会产生文化偏见而导致民族中心主义。在倾听过程中，交际者尽量不打断对方，必要时以点头或者眼神等身体语言向对话者示意，最后让对方感到心理愉悦和满足。

社交的从容是指在跨文化交际中不显露焦虑情绪的能力。在跨文化交际中，难免会遇到各种各样的交际困境和交际压力，交际者应具有良好的心理素质，不慌乱、不焦躁，能够摆脱交际困境带来的各种焦虑症状，如出汗、颤抖以及言语不畅等，以比较泰然的心态面对各种交际难题。交际的从容也利于交际者利用以往的交际经验和生活经验，在困境中发挥潜力，从而急中生智，战胜交际障碍，达成交际共融。

跨文化敏觉力较强的人在与来自不同文化背景的人交流时，能更快地适应陌生环境，更有自信心，更能够以客观的态度看待文化冲突，并认真专注地倾听交际对象的交际意图，从而更快速地调整自己去处理交际中出现的挫折，更从容地应对跨文化交际过程中出现的各种障碍，确保交际的顺利进行。

（二）跨文化认知能力

国内知名学者戴晓东在其论著《跨文化交际理论》中，把跨文化交际的第二个层面概括为认知过程，即跨文化意识。他认为跨文化能力的认知过程主要涵盖自我意识和文化意识两个方面。自我意识是指交际者自我监控或对自己作为特定文化成员，即文化身份的感悟。文化意识是指对影响人们如何思考与交际的文化规约的理解。所谓"跨文化意识"，是指对不同民族或国家之间的文化现象、文化规约和文化模式等的洞察和理解，对文化之间关系的领悟，并根据所领悟的对方文化特点来调整自己的语言和思维，以及据此产生的跨文化自觉性。跨文化意识的基础和前提是跨语言能力，而跨文化意识是跨语言能力的深度体现和非言语呈示。交际者跨文化意识的形成意味着交际者完成从单一文化认同身份到多重文化认同身份的转变，交际者站在第三文化的高处观照世界各种文化，这样才能在千变万化的文化现象和千差万别的文化语境中应对自如，立于不败之地。

跨文化交际中的认知能力主要涵盖两个方面的内容，即语言能力和文化能力。

其实用另外一种表述是，语言交际能力和非语言交际能力。这是因为在跨文化交际中，运用的交际方式包括语言和非语言两种，其中语言交际正是语言能力的体现，非语言交际能力的高低则建立在交际者对双方文化背景的深刻洞察和理解上，非语言交际中的体态语、环境语、客体语以及副语言等无不包含着丰富的文化信息，交际者只有具备良好的跨文化背景知识，才能很好地处理这些非语言信息，从而进行有效交际。另外，语言交际中的盲区和误解时常存在，这些正是不同文化背景和文化内部系统迥异所致，非语言交际恰好补充了语言交际的有限性和不足，两者相辅相成，使跨文化交际得以顺利进行，最后达到双方需要的交际效能。

（三）跨文化行为能力

跨文化交际能力的第三个基本要素是跨文化行为能力，即跨文化交际的灵巧性，是交际者进行有效交际的技巧和能力。跨文化交际的灵巧性是指交际者实施交际行为、完成交际目标的能力。跨文化交际的灵巧性涉及语言和非语言信息，它包括信息传达、自我表露、行为的灵活性、互动的管理以及社交技巧等方面。交际灵巧性是交际能力的一种体现，它反映出交际者怎样调动有限的语言知识进行交际的水平。在跨文化交际中，如果交际者能够灵活有效地运用交际技巧，就会克服语言水平和文化水平的限制，从而达到交际目的。

信息传达的技巧是指交际者根据自己掌握的语言和文化知识，运用合适的交际策略和技巧，熟练地传达对方可理解的信息的能力。它要求交际者不仅具有熟练的语言功底和深厚的双文化底蕴，还要求在以往的交际经验中练就良好的信息传达技巧，这样才能尽量避免产生由信息误读和文化误解而导致的交际障碍，保证交际的顺利进行。信息传递的效率与自我表露技巧的高低有着紧密的关系。自我表露就是交际者在面对交际对象时，以恰当的方式向对方袒露自我心意和自我情态。这种表露在特殊的跨文化交际场合流露和表达出来，具有很强的导向性，而非普通好友或亲人之间的随意表露，因此要谨慎表露、恰当示意，表露方式要显得贴切自然、不做作，要考虑到对方的文化背景和语言水平，否则容易引起对方交际者的漠视或反感，甚至形成对交际者不利的刻板印象。同时，自我表露和信息传达的准确与否直接影响交际的有效性。得体的自我表露和准确恰当的信息传达也体现了交际者行为的灵活性。

交际行为的灵活性体现了交际者在各种交际场合中，根据交际对象和交际时间不同而随机应变应对交际事务的能力，也体现了交际者交际策略选择的准确与迅速，同时交际灵活性也是交际敏觉力在行动上的体现和延展。有学者指出，高超的交际者能够运用灵活的语言提示，敏锐地捕捉对方的身份，并且适时作出调整，较快与对话者建立起良好的互动关系。

互动的管理是指交际者在交际中对互动局面的把握和控制，即在交际过程中，交际者适当控制交际节奏、说话顺序和交谈主题，适时地启动和结束对话。具有良好互动管理能力的交际者，能够调动交际场景中的各个交际对象，把握好会话结构，根据自己和其他交际者的交际需求粗略设计和转换会话主题，不轻易打断别人，并认真倾听他者，最后实现交际者的交际意图，达到交际目标。

第二节　跨文化交际能力培养的目的、内容与原则

一、地方高校学生跨文化交际能力培养的目的

跨文化交际能力的培养分为三个层面：第一个层面是在接触和了解他国语言和文化时，不断加强交际者的语言功夫，丰富其文化积累，克服交际过程中易出现的两大障碍，培养交际者的文化敏感性，以提高跨文化交际敏觉力；第二个层面强调对语言和文化的深层认知，增强对他国语言以及背后的隐性文化和价值观的理解，有助于交际者在交际中的策略选择，针对对方文化的异质性以及个人特性做到有的放矢；第三个层面是培养交际者灵活运用所学语言、文化知识应对和处理跨文化交际中出现的各种交集情景以及突发事件等，这是跨文化交际能力培养的最高层面和最终目标。要达到这一目标，必须培养交际者学以致用的能力，引导他们根据过去对外国相关文化的认知积极参与跨文化交际实践，锻炼他们处理文化冲突的灵活性。由此可见，从跨文化敏觉力的培养到对语言和文化的深层认知再到跨文化交际实践行为的训练，这三个层面既有一定的递进关系，又相互融会贯通，相辅相成。

基于跨文化交际能力培养的地方高校跨文化教育应当更加关注学生整体沟通能力的建构，语言技能作为沟通能力的一个方面包含于宏观的能力和素质之中。语言技能与文化知识的课程、跨文化交际课程，以及选修双语文化类课程的总体

教学目的是培养学生的跨文化交际能力。根据跨文化交际能力的构成内容，地方高校的跨文化交际能力教学目标以及课程体系特点，大学生跨文化交际能力培养的目的可细化为以下几个方面：

（一）培养跨文化敏觉力

关于交际者跨文化敏觉力的培养，首先要做的就是克服两大障碍，因为在跨文化交际的初期总是存在一些交际障碍。主要障碍之一是刻板印象。这些印象和看法可能是正面的，也可能是负面的。尽管大家都知道刻板印象不可取，但要做到完全避免却不容易。刻板印象忽视个体区别，一旦形成便不易改变，它僵化了交际者的头脑，使得交际者不能客观地对待另一种文化，失去交际应有的敏觉力。带有刻板印象的交际者在观察他国文化时只注意与自己的刻板印象相符合的现象，而忽略其他更重要的差异信息。刻板印象妨碍交际者与不同文化背景的人相处，不利于顺利开展跨文化交际。因此，必须尽量克服由于刻板印象带来的负能量。在跨文化相关课程上应尽量避免用带有刻板印象的话语，并提醒学生注意普遍文化概念下的个性差别。因为在跨文化交际中，交际者首先面对的是交际个体，然后才是其背后的民族文化，不能因为对整个民族的刻板印象而影响了交际者对具体交际对象的判断和决策。跨文化交际中的障碍之二是民族中心主义，即习惯以自己民族的价值观衡量其他文化，从自己的文化角度出发，以自己的评判标准评价对方交际者。交际者一旦发现与自己的预期不同，就会对对方产生抵触情绪而引起文化冲突。有学者认为，所谓民族中心主义就是按照本族文化的观念和标准去理解和衡量他族文化中的一切，包括人们的行为举止、交际方式、社会习俗、管理模式以及价值观念等。

文化对比教学法是课堂上克服刻板印象和民族中心主义的主要手段，通过对比了解自己和他者各自的特性。文化对比教学法的实施要求交际者摆脱自身文化的约束，避免简单化的定式思维，将自己置于他文化模式中，在理性、平等的立场中感受、领悟和理解另一种文化。当然，对比教学法首先要求地方高校教师理解他国文化，并选取典型文本解释其中的文化元素，帮助学生更充分地理解文本的语言信息和渗透其中的非语言信息，并与自己本土文化中的相应文化元素进行对照讲解，引导学生在解读过程中有意识地去寻找文化差异。

交际参与度是跨文化敏感度的最佳指示变量，意味着要想通过跨文化敏感度来提高跨文化交际能力最有效的方法是加强交际参与度，从而对跨文化交际能力产生影响。因此，除了课堂上的对比教学法以外，教师还要鼓励学生积极参与具体的跨文化交际训练和实践，并努力为他们创造跨文化交际的机会，这是培养他们克服刻板印象和民族中心主义的最好途径。因为在具体的训练和实践中，他们能真切地感受到文化的多样性和同一文化不同个体的差异，逐渐形成多元文化观和开明的交际态度，从而尽量主动克服因刻板印象和民族中心主义而导致的交际障碍，形成良好的跨文化敏觉力。比如，教师可以设计多个与中国人的思想和性格迥异的文化模式，由不同的人扮演，让他们分别与中国人交往。从这个活动中，受训者体会到自身文化的某些特点和他国文化的一些特性，从而提高自己的文化敏觉力。在条件允许的情况下，教师带领学生或鼓励他们多参加各种小型国际会议、国际论坛以及跨文化聚会，这是一种更为直接的训练和培养他们跨文化敏觉力的高效方式。

综上所述，无论是为了克服刻板印象和民族中心主义，还是旨在培养交际者对语言背后文化的解读和参悟以形成较强的跨文化交际敏觉力，都需要教师有意识地进行文化对比教学和其他形式的文化拓展讲解，更需要尽量给学生创造跨文化交际训练和实践的机会，这样才能让他们树立良好的自信心，能够在具体的交际情境中调适自我，从容地应对交际中出现的各种复杂状况，最后顺利实现交际目标。

（二）培养跨文化认知能力

跨文化认知是指交际者对他国具有独特风格和内涵的文化要素及文化特质等方面的认识和了解，其本质就是学习与把握异国文化。文化认知过程随年龄的增长会不断变化。培养跨文化认知能力不但包括培养交际者的跨语言交际能力，还包括培养交际者的跨文化交际能力。语言交际与文化交际是不可分割的，语言交际是文化交际的一部分，它为文化交际服务并反映着文化交际。跨语言功夫和跨文化功夫也是相辅相成的。跨语言功夫除了包括对目的国语言的巧妙选择和熟练运用外，更重要的是对语言背后文化的解读和参悟，也就是在语言教学中渗透文化分析，使学生逐渐深谙他国语言背后与自身语言不同的文化密码，以利于交际语言的选择和交际的顺畅。培养跨文化认知能力首先要加强交际者的语言功夫，在教学中要使语言教学与文化教学齐头并进，在输入语言基础知识的同时，也不忘相关文化知识的输入，从而加强学生对文化差异的熟识、理解和评判，以提高学生对文化差异的敏感性和跨文化意识。语言功夫主要体现在用词、句子陈述与主题选择的适当性上。

在地方高校学生跨文化交际语言能力的培养上，首先应该重视的是词汇层面。词汇是语言的基石，也是很多学生学习语言的难点。每种语言的词汇中都蕴含着丰富的文化信息，是该语言中最活跃的成分，也是文化最精密的汇聚点。词汇本身的新陈代谢映射了相关文化的发展信息。因此，教师在单词讲授的过程中，穿插一些跨文化交际知识，既能培养学生的跨文化交际意识，又能让枯燥的词汇学习变得生动有趣。讲解词汇时将相关的谚语、典故、名句等融入课堂就不失为一种有效的方法。

除了词汇教学以外，句子陈述的跨文化培养也很值得重视，教师在课堂上讲解句子的时候，不但要讲解此类型句子的语体风格适合在什么场合下使用，还要分析这种句子适合用在什么身份的交际对象上。句子的语气也是举足轻重的，比如请求语气的句子适合于与长辈说话或者请别人帮忙时，如果没有掌握句子的语气，在跨文化交际中很容易引起不必要的文化冲突。

谈话中主题选择的适当性同样不容忽视，这也是对语言应用能力的一个综合性考验。在拥有词汇层面和句子陈述等方面的跨文化交际基本能力后，交际中的谈话主题是否得当、是否符合交际双方共同的交际需求、是否能引起交际双方的共鸣、是否需要继续深入谈下去，这些都需要学习。教师应在教学中通过具体的教学情景设置、相关教学视频的播放，适时训练、引导和鼓励学生在跨文化对话中对谈话主题进行恰当选择和适时转换。

培养跨文化认知能力除了要培养交际者的跨语言认知能力外，还要培养其跨文化认知能力，即跨文化意识。培养跨文化意识的第一步就是要让交际者从观念上消除偏见和歧视，认识到文化没有优劣之分，以平等的心态对待各个民族的文化和人。培养跨文化意识的第二步就是拓展交际者的跨文化知识和眼界，树立多元文化心态和宽容的文化态度。培养跨文化意识可以通过以下途径来实现：

一是在语言学习的听说读写各种技能训练中。首先，通过阅读外文资料感悟外国文化，在阅读中多了解他国的科技、地理、历史和风俗等，熟悉他们的表达方式和风格，消除因文化知识不足而导致的理解障碍。其次，在外语听力中领悟他国文化。听力材料一般都是模拟的真实对话情景，因而听力训练过程就是一个跨文化意识培养的过程。要让学生知道交际中哪些话题应该避免。再次，在听的基础上要积极发言，主动参与到跨文化交际活动中，以提高自己在跨文化交际中的表达能力。最后，通过写作提升对外国文化知识的内化和运用。在写作中，要充分意识到中外文化的差异，让人体会到流畅、地道、连贯的外语文章，从根本上提升跨文化交际的综合能力。

二是在外语活动中体验外国文化，主动结交各国朋友。例如，组织外语角、学唱外文歌、看外语影视材料以及编演外语剧等。在这些活动中，学生身临其境地体验真实的外国文化，了解他们的风俗文化和民族禁忌。同时，教师应帮助学生分析自己文化中哪些方面对自己有利、哪些不利，然后再分析目的语文化，分析其中哪些方面我族容易适应，哪些不易适应且易引起文化冲突，从而有意识地改变自己的行为模式，以利于跨文化交际目标的实现。

三是在各种旅行活动中，主动积极地营造跨文化交际的机会。总之，我们对文化差异了解越多，体验越多，越容易对他国文化采取接受和宽容的态度。同时，移情也有利于培养对文化差异的宽容性，我们一旦能从对方的角度考虑问题，就已经具有很强的跨文化意识了。

（三）培养跨文化行为能力

其实，无论是对跨文化敏觉力的培养，还是对跨文化认知能力的培养，最终都是为了使交际者在跨文化交际中能够灵活交际，即跨文化行为的灵活性，这三者不是彼此截然分开的，而是互相依存的。跨文化敏觉力的培养包含跨文化认知能力和跨文化行为能力，跨文化认知能力的培养中也融入了跨文化行为能力，而跨文化行为能力的培养势必以跨文化敏觉力和认知能力的培养为基础，并且是对这两种能力的巩固和融合。

跨文化行为能力即跨文化行为的灵活性，是跨文化交际能力的核心要素。它包括交际者能够根据交际双方的文化背景和个性特点，灵活地调整自己的交际策略和行为，尽量向对方的交际规则靠近（以不违反自己的交际原则为前提），减少差距，营造和谐交际氛围，同时灵活处理因文化差异而引起的文化冲突。在处理冲突时，交际者要善于运用恰当的语言阐明自己的文化困惑，介绍本族文化行为规范，弄清对方的文化习俗，找出冲突的解决途径，达成共识，完成交际任务。跨文化行为能力包括信息传达技巧、自我表露技巧、行为的灵活性、互动管理以及认同维护技巧等五个方面。当学生学习了跨文化行为能力的五个要素之后，教师分阶段、有层次地组织跨文化实践是培养学生跨文化交际行为能力最有效的途径。

二、地方高校学生跨文化交际能力培养的内容

（一）跨文化交际能力教学中的文化概念

1. 大文化与小文化

长期以来，跨文化教学界最流行的文化概念是"大写 C 字母文化"和"小写 c 字母文化"，也简称为"大文化"和"小文化"。"大文化"包括地理、历史、文学、科学、艺术、政治制度、经济制度、教育制度、家庭制度等。而"小文化"包括风俗习惯、行为举止、思维方式、价值观念等。西方跨文化教学领域早在 20 世纪 60 年代就使用了"大文化"和"小文化"的概念，并提倡"小文化"应该成为跨文化教学中的主要内容。20 世纪 70 年代开始兴起的交际语言教学法更强调了"小文化"与交际能力的密切关系。部分跨文化交际学者则认为"大文化"与"小文化"的另一种说法是客观文化和主观文化，并强调了学习主观文化与培养跨文化交际能力的关系。

2. 交际文化与知识文化

张占一等学者在 20 世纪 80 年代提出了"知识文化"和"交际文化"的概念。所谓知识文化，指的是两个文化背景不同的人进行交际时，不直接影响信息准确传递的语言和非语言的文化因素。所谓交际文化，是指两个文化背景不同的人进行交际时，直接影响信息准确传递（即引起偏差或误解）的语言和非语言的文化因素。后来吕必松把交际文化的内涵扩大为隐含在语言系统中，反映一个民族的价值观念、是非标准、社会习俗、心理状态、思维方式等，跟语言理解和语言使用相关的一种特殊的文化因素。这些学者认为在跨文化教学中，交际文化的重要性高于知识文化。虽然有的学者认为这种交际文化和知识文化的分类不够严谨，但是交际文化与知识文化的划分突出了跨文化教学中文化教学的特点和重点。

3. 文化产品、文化习惯、文化观念

跨文化教学中的文化可划分为三部分——文化产品、文化习惯和文化观念，简称为"3P 文化"。这是跨文化教育中较新的文化概念。

文化产品，包括书籍、工具、食品、法律、音乐、游戏等。

文化习惯，包括节日风俗、服饰习俗、饮食习惯等。

文化观念，包括态度、信仰、价值观等。

文化产品、文化习惯和文化观念之间存在着密切的关系，文化观念体现在文化产品和文化习惯中，文化产品和文化习惯反映了文化观念。跨文化交际能力学习者需要理解这三者之间的关系，其中理解文化观念是体现在文化产品和文化习惯中的，是文化学习的核心内容。

（二）跨文化交际能力教学的内容

1. 语言中的文化因素

语言中的文化因素分为语构文化、语义文化和语用文化。其中语义文化和语用文化是语言中文化因素教学的重点。因为不了解词汇的文化内涵会引起跨文化交际中信息传达的错误，不了解语言使用的文化规则会出现交际的障碍。对跨文化交际能力学习者来说，学习外语词汇和语用中的文化因素，有利于提高外语交际能力和跨文化交际能力。一般来说，语言中文化因素的教学是在语言技能课堂上进行的，最能体现语言教学与文化教学相结合的特点。语言中文化因素的教学应该包括以下几个方面：

第一，一般词汇的文化内涵和跨文化差异，如"个人主义""隐私""发福""龙""狗"等一般词汇的概念意义在很多语言中都是基本相同的，但是这些词的象征意义、联想意义和感情色彩却有文化的差异，容易引起跨文化交际中的误解。

第二，文化词汇的内涵，如汉语的"华表""端午""孝顺""中庸""四君子""缘分""红包""关系""面子"等词语具有特定的文化内涵，在其他语言中很难找到能准确对应的词语或概念，这部分词汇是跨文化交际理解方面的难点。

第三，言语行为的实现方式，如问候、感谢、道歉、邀请、称赞、请求、拒绝等，这些内容既是语言功能教学的范畴，也是语用文化教学的内容。所不同的是功能教学关注的是说什么和怎么说的问题，而语用文化教学关注的是为什么这样说的问题。

第四，影响语用的语境因素，如性别、年龄、职业、场合等因素是如何影响语言使用的，亲疏关系等文化因素是如何影响汉语中的礼貌表达的。

第五，语言使用规则背后的文化意义或原因，这是语言课堂中的文化教学经常忽视的内容。交际者只有理解了语言使用规则背后的文化原因，才能准确把握语言及文化的特点，避免刻板印象。

2. 客观文化

客观文化一般也是知识文化和"大文化"的内容。这部分的文化内容主要包括地理、历史、文学、艺术、政治制度、经济制度、家庭制度、风俗习惯等。客观文化的特点是明晰且具有系统性，适合在跨文化教学中采用讲解、提示的方法或者开设专门的文化课程来处理。需要注意的是，客观文化的教学不是仅罗列文化的事实，而是要挖掘文化事实背后的文化意义或观念，这样才能使学生把握这种文化的本质特征和精髓。以中国客观文化的教学为例，应该包括以下这些方面：

第一，地理与环境，包括中国的地理，如地形、气候、河流等方面的特点及中国人对自然环境的利用和改造，主要关注中国的自然环境对于中国人生活方式和民族心理的影响以及中国人对待自然的态度和价值观。

第二，人口与民族，包括中国的人口结构和分布、不同地区和不同民族的人们的生活方式的特点、人口政策和民族政策，主要关注不同地区、不同民族生活方式和习俗的异同。

第三，历史，包括中国历史上的重要事件、历史人物和文明成就，主要关注历史及传统对于当代社会和人们观念的影响、人们对待历史及传统的态度、人们对待历史人物的观念和态度。

第四，政治制度，包括中国的政治体制、公民的权利和义务、社会保障制度等，主要关注中国人对于国家的观念、政府运作的方式、社会保障制度中体现出的对公民权利与义务的观念等。

第五，经济制度，包括中国的经济体制及人们的经济活动、职业选择、消费行为等，主要关注改革开放对于中国人生活方式和观念的影响、人们进行经济活动和商业往来的特点以及中国人对待金钱、职业、消费、工作等的观念和做法。

第六，家庭和婚姻，包括中国人的家庭结构、家庭关系、居住条件、择偶标准、婚姻观念等，主要关注中国人家庭成员之间的关系模式以及对于家庭和亲情的观念。

第七，教育制度，包括中国人对教育的态度和观念、教育的内容和方式、学生学习的方式、师生关系等，主要关注中国的教育方式和观念方面的特点。

第八，传统思想及宗教，包括儒家思想、道家思想、道教、佛教等。

第九，艺术，包括中国的书法、绘画、建筑、戏剧等，主要关注这些艺术形式是如何体现中国人的审美观、自然观及思维方式的。

第十，文学，包括文学名著、文学典故、文学形象、著名作家等，主要关注文学作品和文学典故中反映的中国人的行为方式和价值观念及中国人对待人生、自然、人际关系的态度，特别关注已深入人们日常生活当中的文学形象具有的品格特征和体现的文化内涵。

第十一，风俗习惯，包括中国人的饮食、居住、节日、服饰、婚礼、丧礼等方面的风俗习惯，主要关注中国人的风俗习惯所体现的民族心理和价值观念。

第十二，休闲生活，包括中国人在日常生活中的体育健身、娱乐游戏、旅游等方面的特点，主要关注这些休闲活动中体现的中国人的生活态度和审美情趣等方面的特点。

3. 主观文化

主观文化一般也是"小文化"的内容，包括价值观、信仰、思维方式、人际关系、社会交往、非语言行为、态度、交际风格等方面。这部分文化内容比较抽象，经常是隐而不见、习而不察的。由于主观文化的内容与跨文化交际能力关系非常密切，所以应该成为第二语言教学中的文化教学的重点内容。主观文化的教学可以在高年级的语言课堂上作为文化话题进行讨论，也可以开设专门的跨文化交际课程。主观文化的教学应该突出与语言交际相结合、与跨文化交际相结合的特点。以中国文化知识的教学为例，主观文化的教学应包括以下这些方面：

第一，世界观，包括中国人对待生命、自然、社会、历史等的观念和态度。比较不同文化的人们在世界观方面的异同。

第二，价值观，指中国人的价值观，如集体主义观念、重视家庭的观念、和谐的观念、谦虚的观念等。比较集体主义文化和个人主义文化在价值观方面的异同。

第三，思想和宗教信仰，包括中国的儒家、道家和佛教的内涵、特点及其对中国人信仰和价值观形成的深远影响。比较世界上不同的思想和宗教信仰对文化的不同影响。

第四，思维方式，指中国人思维方式的特点，如综合性思维、形象性思维、直觉性思维。比较中国人的思维方式与其他文化的人们的思维方式的异同。

第五，人际关系，指中国人如何看待和处理家庭关系、朋友关系、与陌生人的关系等。比较不同文化中人际关系的特点。

第六，社会交往，指中国人社会交往的礼仪和禁忌等，例如如何寒暄、如何招待客人等。比较不同文化的人们在社会交往方面的异同。

第七，非语言行为，包括中国人在面部表情、眼神交流、身体接触、手势等肢体行为方面的特点和规则，以及中国人在时间观念和空间利用方面的特点。比较中国人在非语言交际行为方面与其他文化的人的异同。

第八，态度，包括中国人对待自己文化和其他文化的态度以及其他文化的人对于中国人和中国文化的看法。比较理解刻板印象、偏见、种族中心主义对于跨文化交际的影响。

第九，交际风格，指中国人交际风格的特点，比如间接的交际风格、含蓄谦虚的风格等。比较高语境文化与低语境文化在交际风格方面的不同特点。

三、地方高校学生跨文化交际能力培养的原则

（一）以学生为中心、教师为主导

传统的文化教学大多是以教师为中心的，教师传授文化知识，学生只是被动地接受知识。以培养跨义化交际能力为目标的跨文化教学应该从以教帅为中心转变为以学生为中心，把文化教学从教文化变成学文化。

在地方高校跨文化交际能力教学中以学生为中心主要体现在两个方面。一是文化学习的内容考虑学生的需要、兴趣和知识背景。因此，在开学时，教师要对学生做需求调查，调查他们喜欢的文化话题和教学活动是什么，他们对文化教学的期待和要求是什么。需求调查也要考虑学生的生活经历和知识背景，在此基础上有针对性地选择文化教学的内容，这样才能激发学生学习文化的内在动机，并增强他们对文化的理解力。二是让学生最大限度地参与到学习过程中，让学生成为文化学习的主体。在学习过程中培养学生的文化理解力和跨文化交际的能力，把教师"讲"文化变成学生"做"文化，如讨论、演讲、案例分析、小组任务、角色扮演、观察与采访等都是适合学生"做"文化的活动。

但是，以学生为中心并不意味着教师不起重要作用，只是教师从文化知识传播者的单一角色转变为多种角色。在文化学习的过程中，教师扮演的角色有文化

教学的设计者、文化知识的咨询者、探讨文化意义的引导者、文化行为的训练者、文化态度转变的促进者、跨文化交际的中介者等。

（二）认知学习与体验学习相结合

传统的文化教学主要采用讲授—阅读—讨论的教学模式，这种以认知为本的文化教学模式有利于增加学生的文化知识，但对于培养学生的跨文化交际能力不能发挥太大作用。因为跨文化交际能力是包括知识、行为和态度的综合能力，所以一些学者倡导体验型学习或以过程为本的教学模式。这种体验型文化学习模式以科尔布（Kolb）四个环节的学习循环模型为理论基础，即包括文化体验、文化观察、文化概括、文化实践四个环节。一些研究也证明，语言课堂上采用体验型学习模式进行文化教学确实促进了学生文化意识和跨文化意识的提高。自我评估、问卷调查、角色扮演、小组活动、案例分析、跨文化比较与互动等都是体验型文化学习的活动。

有效且成功的跨文化交际培训需要融合认知和体验两种模式。一般来说，认知学习的方法更适合客观文化内容的教学，而体验型学习的方法更适合主观文化和语言文化因素的学习。但是，即使在客观文化的教学中，学生参与讨论和互动也是必要的环节。

（三）文化教学与语言教学相结合

跨文化教学中文化教学的最大特点是文化教学与语言教学密不可分，但是如何达到语言教学和文化教学的有机结合一直是一个难题。传统的语言教学中出现过两种完全相反的倾向：一种情况是语言课堂以讲解语音、词汇、语法知识为主，以训练听说读写的语言技能为中心，忽视文化的教学；另一种情况是在语言技能课堂上讲解很多文化知识，而这些文化知识与所要学的语言结构和功能完全脱离。

语言教学与文化教学相结合可以通过两种途径来实现：第一种途径是把文化因素当作语言教学的内容，比如词汇含义、成语典故、语用规则等既是语言教学的内容，也是文化教学的内容，因此在讲解语言知识的同时，需要挖掘语言中包含的文化因素。第二种途径是把文化作为话题来讨论，比如旅游、饮食、家庭、教育、就业等都可以是语言课堂的话题，在学习和讨论这些文化主题的过程中可以训练学生的听说读写能力，培养他们描述文化现象、概括文化特点、评价文化观念、比较文化差异的语言运用能力。

对于如何实现语言教学和文化教学的融合，汤姆林（Tomlin）与斯坦普尔斯基（Stempleski）在 1993 年曾提出了"任务为本"的原则，吴中伟、郭鹏也认为"任务是结构、功能、文化相结合的最好结合点"[①]。因为任务教学法的最大特点是首先关注意义，同时强调意义和语言形式的结合，而文化是最有意义的话题，所以任务型教学可以实现用特定的语言形式来实施文化行为或者探讨文化意义的目的。

（四）文化的显性因素与隐性因素相结合

跨文化教学的内容有些是显性的，如文化产品、文化制度、文化行为等，有些是隐性的，如价值观、思维方式、交际风格等。事实上，隐性的文化因素，如价值观、行为规范等与跨文化交际能力的关系最为密切。跨文化交际中的大部分误解来源于主观文化的层面。另外，文化的显性因素和隐性因素是互相联系的。可见的文化产品和习俗反映了隐性的文化观念，而隐性的文化观念体现在可见的文化产品和习俗中。只有了解了一种文化的产品、习俗和观念的相互关系，才能把握这种文化的本质特点。

如果在文化教学中只讲解文化现象，只介绍可见的文化行为和习俗，而缺少对背后文化原因的分析，学生很容易形成刻板印象，甚至会产生"这种文化很奇怪"的想法。因此，在跨文化教学中，我们应该把文化产品、文化行为习惯、文化观念的教学结合起来。

（五）课堂教学与课外文化实践相结合

学习外语与外国文化最好的途径是沉浸在那种文化环境中"习得"语言和文化。拜拉姆（Bayram）特别倡导在跨文化教学中借鉴人类学的"田野工作"，即让学生在目的语文化中进行观察、参与和交流。文化实践主要有以下两方面优点：一是能提供真实的文化体验，让学生切实感受到文化的多样性和动态性，并从文化的内部来理解文化的特征；二是能提供用外语进行实际交往的机会，使文化实践既包括文化学习也包括语言学习，同时培养了学生的文化学习能力和语言交际能力。

但是，文化学习如果仅有体验和参与而没有思考和概括，就会流于肤浅、零

---

① 吴中伟，郭鹏. 对外汉语任务型教学 [M]. 北京：北京大学出版社，2009：113.

碎并缺乏系统性。因此，课堂外的文化实践还需要与课堂上的学习结合起来，只有这样才算完成体验型学习的四个阶段的循环，才能真正提高跨文化交际的综合能力。

（六）跨文化教学内容与学生的语言水平相适应

在跨文化教学中，学生的语言水平是制约文化学习过程和结果的关键因素之一。为了达到语言教学和文化教学的融合，应该使跨文化教学的内容和方法与教学对象的语言水平相适应。

文化教学的内容应遵循从具体到抽象、从简单到复杂、循环往复、螺旋上升的原则。在不同的语言阶段，文化的话题或内容可以重复出现，只是随着学生语言水平的提高，要提高文化内容的复杂度。

文化教学的方法也应该与学习者的语言水平相适应。教学活动要从具体简单逐步过渡到复杂多样，语言表达要体现从单句到复句再到成段成篇表达的变化。

初级阶段：使用图片、实物展示、提问、角色扮演等简单易行的方法，让学生用简单的句式和常用词语实施文化行为。

中级阶段：采用文化知识提示、情景模拟、对话分析、文化比较等方法，让学生用比较长的复句来叙述文化现象。

高级阶段：使用案例分析、文学阅读、问卷调查、小组课题调研并演讲展示等方法，让学生用更复杂的成段表达来讨论复杂的文化话题。

第三节　跨文化交际能力培养的模式与策略

大学生跨文化交际能力的培养是地方高校育人的主要任务，构建适合地方高校跨文化教学的大学生跨文化交际能力培养模式是至关重要的。

一、跨文化交际能力培养的主要模式

跨文化交际能力已经成为当今世界一种重要的不可缺少的能力，关于跨文化交际能力培养的理论研究和实践培训，很多学者从不同角度提出了各自的模式。在此介绍三种主要的模式。

（一）构成三分模式

构成三分模式根据心理学理论，将跨文化交际能力分为认知、情感、行为三个层面。认知层面包括目的语文化知识，以及对自身价值观念的意识；情感层面包括对不确定性的容忍度、灵活性、共情能力、悬置判断能力；行为层面包括解决问题的能力、建立关系的能力、在跨文化情境中完成任务的能力。

这类模式为跨文化交际能力的定位提供了一个总体的心理学理论维度框架，令地方高校跨文化交际能力培养的研究有了更加明确的方向。

（二）行为中心模式

行为中心模式以跨文化交际能力培养实践为中心，它的关注焦点是交际行为或外部结果，亦可称为"有效性"或"功效"。功效一般包括跨文化情境中的个人适应、人际互动、任务完成情况，其中任务完成最重要，良好的个人适应和人际互动能帮助人们在跨文化情境中有效地完成工作任务。

由于行为中心模式是以具体行为目标为基础的，它可以在短期内获得显著的成效。但是，在一般的教育情境中，学生所要学习的目的语文化和行为目标都不明确，也就是说，其今后所要从事的工作及需要进行交流的对象都是不得而知的，因此难以进行有针对性的文化培训，同样地，也不能制定出有效的检测内容和方式。

（三）知识中心模式

这类模式也是以培养实践能力为关注中心的，在学校情境中较受欢迎，目前在我国的跨文化教育中占主导地位。在教学实践中，这种模式强调文化知识的传授和测试。

知识中心模式集中于认知层面，它在课程设置、课堂教学和测试等各个教学环节中都易于操作，因此受到许多教师的欢迎。例如，在学校中可以专门设置亚洲艺术欣赏、欧洲历史文化等课程，以纯粹的知识传授为目的，从而使学生对此类文化有所认知。

不过，虽然该模式较易实施，但单纯的知识灌输较为枯燥乏味，难以激发学生的学习兴趣，也不利于学生将其应用于实际的情境中。同时，文化具有极其明显的多元性，即使是单一国家文化的某一方面，也是值得学者终其一生去研究的，故而只依靠课堂教学或书本学习等知识灌输，是不足以使学生真正掌握某一种文化的。比如，许多国家的餐桌礼仪都可以看作一门博大精深的学问，其中所牵扯到的社会人文因素亦是不计其数，但若是作为一门课程来教授，由于课时的限制、内容覆盖广度、学生理解力的差异等因素的制约，授课内容只能略涉皮毛，难以深入。另外，文化亦是不断发展的，而过于依赖教材和课堂等单一教学方式的知识中心模式，就不免会落后于时代的脚步。

总之，跨文化交际能力的培养在当今的时代背景下已成为日益重要的课题，而现有的几种跨文化交际能力培养模式皆各有利弊，因此在真正的教学实践中，我们应选择合适的模式。同时，由于现有的模式无法满足时代的需要，地方高校也应该着力于开创新的、更完善的跨文化交际能力培养模式。

二、翻转课堂模式的运用

在新媒体背景下，教育信息化，翻转课堂式教学发展迅速，被比尔·盖茨（Bill Gates）誉为"预见了教育的未来"的教学模式。翻转课堂教学可以培养学生自主学习的意识，使其自行获取文化知识信息，并在课堂上为学生提供交流机会以及模拟互动环境，确保跨文化交际课程的有效实施。

（一）翻转课堂的内涵和特征

1.翻转课堂的内涵

翻转课堂，颠覆了传统的"教师上课，学生听课"的"先教后学"的教学模式，实现了真正的"先学后教"，它通过学生课前利用网络学习新的教学内容并做练习，课上与教师进行互动、接受教师个性化的指导，实现知识的内化和吸收。翻转课堂就是将传统教学模式中课上讲授知识、课后内化知识的过程反转过来，形成课前接受知识、课上内化知识的新型教学模式。

在翻转课堂教学模式中，学生可借助微课、慕课、自主学习平台等资源在课前完成学习内容的获取，而且不同语言程度的学生可以根据自身的语言水平和学习习惯来自主选择适合自身的个性化学习方式，其实质就是教学流程变革所带来的知识传授的提前和知识内化的优化。

2.翻转课堂的特征

第一，师生角色转变促使"在做中学"。翻转课堂突破了传统"先教后学"

的填鸭式教学方式，将学习的主动权从教师转给学生，实现了"以学生为中心"的教学理念转变。教师不再是课堂的中心，其角色从知识的传授者转变为课堂活动的组织者、指导者，而学生的角色也从原来知识的"被动接受者"转变成知识的"主动探索者"。学生在课前在线学习完成教学内容的基础上，带着问题在课堂上与教师互动，寻求答案，学生是在做中学、边做边学、自然而然地掌握语言，这符合语言学习的规律。

第二，互动时间的增加和范围的扩大降低了学生的焦虑感。翻转课堂教学模式下的师生互动是贯穿始终的。学生在课前在线学习过程中需要教师的监督和指导，课堂上学生与教师共同完成课堂教学活动和教学任务，课后教师根据学生的表现给予评价。尤其是在课堂上，由于学生已经在课前掌握了基本的教学内容，因此有足够的时间供教师与学生互动。学生的"有备而来"和与教师的高频互动能够在很大程度上减轻学习者的焦虑感，培养学生的自主意识，这为培养学生的跨文化意识和跨文化交际能力奠定了基础。

第三，学生学习效果的增强。翻转课堂教学模式下，学生在课前按照教师的要求和布置，通过网络在线学习相关微课、慕课或教师自制的教学视频、音频等材料，完成课堂教学前的知识获取，为课堂上对问题的探索奠定了基础，因此在课堂上通过与教师互动的方式，在解决教学问题的过程中便可以顺利实现知识的内化。翻转课堂模式下提前的知识获取和优化的知识内化，极大增强了学生的学习效果。

（二）地方高校跨文化教学实施翻转课堂模式的必要性

翻转课堂创设了学生自主学习的环境，采用在线学习和个别指导相结合的混合模式，学生在上课前完成对教学视频等学习资源的观看和学习，师生在课堂上一起完成作业答疑、协作探究和互动交流等活动。这种教学模式的特征呼应地方高校跨文化教学中的自主学习方式，为改革带来崭新的启示。这一新兴模式可以助力地方高校实现有效的跨文化教学，满足新时期对国际化人才的需求。

培养自主学习能力是进行跨文化教学的前提，跨文化交际能力的提高在很大程度上要依靠学生的主观认识和亲身体验，自主学习能力是跨文化教育中学习活动、实践体验、探索深化等环节顺利完成的重要保证。在新媒体技术的支持下，翻转课堂将传统的知识传递过程放在课下，学生在教师提供的资料辅助下，不分水平层次，可以倒退、快进地自主安排知识的学习、问题的解决、任务的完成，其主体地位得以体现，推动了自主学习能力的发展。同时，在这一个性化的学习过程中，学生可以从容做足参与跨文化交际的课堂准备。在心理上，减少了传统课堂上因为基础差异等因素而形成的自卑或自负等不良情绪；在知识准备上，先排除主题语言和文化认知的障碍，学生在课堂上就能畅通无阻地进行深入的跨文化思考、辩证探讨、交流与合作。学生的主观能动性得到提高，他们就会更自信、更主动、更积极地参与到跨文化教学的课堂中。

跨文化教学中不仅包含语言文学的基础知识，而且涵盖了社会人文素质培养的高级内容。地方高校大学生经过中小学的外语学习，已经具备基本的语言能力，原则上这一阶段应以人文素养的开发为主。人文素养和立体思维能力并不像知识教育一样可以单向讲学，而是需要建立在参与、体验、反思、领悟的基础上。

翻转课堂把基础知识传授环节安排在课外，教师在课堂上组织活动、个别化指导、小组协调、答疑解惑，专注于引导学生对知识的吸收内化，通过协作互动做深入探究，在情境创设里加强跨文化交际能力。这一模式的优化有利于优化课堂资源分配，实现跨文化课堂的有效教学。

跨文化教学所测试和评价的内容，不仅包括具体的语言知识、语言技能、文化认知，还包括情感交际、文化意识、思辨能力等复杂层面，因此采取的评价和测试方法也应该多元化。翻转课堂的特点之一就是多维度、多层次地评估学生的学习成果，从课前的网络平台自我测验到课上活动的多向互动和评估、小组合作时的互评，以及教师对学生课上活动表现的评价、对项目成果和任务的评估，都能弥补传统教学考试所未有的测评客观全面性。

传统的教学课堂已经无法满足新形势下对跨文化交际能力培养的要求，信息时代对传统的教学模式提出了挑战。翻转课堂是新媒体冲击下跨文化教学的必然趋势，可以满足提高课堂效率的需要。翻转课堂不仅拓宽了教与学的时间和空间，同时丰富了传统的教学内容和教学模式，这就意味着教学效率的大幅提高。

现代教育技术的发展为学生自主学习语言和文化资料提供了丰富的学习资源，也为跨文化教学中师生之间、学生之间的协作提供了互动平台和交流工具。地方高校跨文化教学较之中小学外语教学更有条件实现翻转课堂，这是因为大学排课相对于中小学来说不那么密集，大学生有更充足的课外时间和更灵活的时间安排，他们可以在课外完成预制板块的学习。大学生与中小学生相比，具有更强的自我约束力和行动力，更具备网络学习所需的技术和实际操作能力，有利于他们顺利完成个性化自主学习。而且,跨文化交际教学通过信息化的媒介和手段使学习者能够接触到地道的外语发音、外语表达和外语文化,因此学生可以在真实的外语环境中掌握语言的使用,进而达到提高其跨文化交际能力的目标。随着我国新课程改革的不断发展和信息化教学手段的逐步完善,翻转课堂的理论和实践体系将发挥越来越大的作用。

(三)翻转课堂模式在地方高校跨文化教学中的应用

由于翻转课堂教学模式强调课内与课外相结合,主张学生自主学习与课堂展示、讨论相结合,教师需要提前准备充足的教学资源,包括与课程内容有关的微课、慕课资源以及大量相关的网络语言素材(如视频和音频)。跨文化交际课程涵盖的内容,不仅包括语言知识的积累和准确性等方面,而且包括历史、人文、宗教、艺术、节日等诸多方面的内容。许多语言素材可以通过搜索时事新闻、观看原文电影、阅读原文资料等方式获取。为了确保整个教学过程的完整性和有效性,翻转课堂教学模式在跨文化交际教学中的应用主要包括以下几个方面:

1. 课前自主学习内容的选择

第一,内容的跨文化特性。跨文化交际教学不同于一般的语言教学课堂,因此在语言知识积累的基础上,还要涵盖人文、历史、宗教、艺术等文化层面。在内容选择上,除了要选择合适的目的语学习材料,也要注重母语文化材料的选择,因为在跨文化教学课堂上,最终的学习目标是通过文化沟通和文化对比来实现跨文化交际能力的提升。

第二,内容的多样性和层次性。自主学习决不能只拘泥于一种形式,而应借助不同的形式来进行不同层面知识的学习,同时学习内容的多样性有助于调动学生的积极性。除了内容的多样性外,在内容的难度上也要注意层次性。翻转课堂可以突破传统课堂在尊重学生差异上的局限性,在课前自主学习阶段通过准备不同难度的学习材料,供不同程度的学生进行学习,这在很大程度上尊重了学生的个体差异,也有助于分级教学的开展。学生可根据自身水平和兴趣自主选择不同层次的学习材料,从而保证每位学生在翻转课堂模式下均能找到适合自己的学习材料和方法,为之后课堂教学活动的顺利进行打下基础。

2. 课堂活动的设计

在课前自主学习阶段的信息输入之后,便要进入翻转课堂的主体,即通过形式多样的课堂活动来实现有效的信息输出，并在信息输出的过程中达到知识内化这一终极目标。在学生完成了课前学习的前提下，教师便可将原本"教师讲课、学生听课"的传统课堂，反转为在教师指导下的学生展示和交流学习成果的课堂教学模式。教师不再是课堂教学的中心，其身份由知识的传授者转变为知识内化过程中的指导者、解惑者和评价者；学生的身份由被动的知识接受者转变为主动的知识汇报者、交流者和参与者。由此可见，学生已然成为课堂活动的中心，通过访谈、汇报展示、辩论、模仿等方式展示自身语言积累、文化对比的成果，在使用目的语进行学习成果的交流和展示中提升自身的跨文化交际能力。

3. 课外自主学习

教师事先将所有教学内容分解成若干个阶段性、模块性的学习目标，将制作好的短小精悍的不超过 10 分钟的微课材料上传到网络平台，并指导学生制订相应的学习计划。学生既可以利用学校的网络自主学习平台，也可以自主在家完成学习任务。在学习内容的选择方面，学生应根据自身的文化背景知识积累情况以及语言水平等进行适当的选择，既要符合自己的实际需要，也要满足吸收新知识的需求，还要达到通过语言和文化知识的吸收和消化，将新知识转化成已知信息，最终在特定情景下与他人交流和分享，并能够使用目标语进行有效交际的目的。

三、地方高校学生跨文化交际能力培养的策略

跨文化交际教学是有效培养大学生跨文化交际能力的重要途径，其有效实施离不开行之有效的教学策略支持。下面对地方高校跨文化交际教学的具体策略进行较详细的介绍。

（一）文化参观教学策略

文化参观教学策略就是以学生为主体，以教师为辅导，在课堂时间或者课外时间，以某个文化专题为学习任务，以参加统一观摩活动的方式来实现预期学习效果的策略。

文化参观一般在非正式的和比较宽松的环境中进行，娱乐性和趣味性较强，能够有效地调动学生的主观能动性，使他们能够主动地观察、接触、研究、总结文化知识。

由于学习任务不明确，学生自主选择时间进行的文化参观有可能会变成走过

场，学习效果不明显。因此，文化参观教学策略一般不能作为常规的教学策略使用，而是比较适合作为一种辅助性的教学策略。

在跨文化交际教学中，文化参观教学策略适用于以下两种情况：

第一，教师想要测试学生独立工作、综合分析文化知识的能力时，可以安排学生参加文化展览并完成某一学习任务。

第二，某一文化教学单元结束，学生共同具备有关专题的文化知识后，可以参观适合该专题的文化展览。

（二）文化讲座教学策略

文化讲座教学策略是指以班级为中心，以教师为中心，以演讲的方式直接向学生传授有关目的语和目的语使用社群的文化知识策略。

文化讲座使教师在课题顺序、时间掌握等方面具有极大的控制权。文化讲座对班级的大小没有严格限制，以专题顺序组织的文化讲座有利于充分利用教师资源。

从教师的角度看，文化讲座一般会汇集最新的研究方法和最新的研究成果，以及其本人的学习心得与体会，因此能够提供给学生很多宝贵的信息资源。从学生的角度看，其在听文化讲座的同时，听、写和观察能力也会得到一定的训练和提高。

在跨文化交际教学中，文化讲座教学策略适用于以下几种情况：

第一，教师在讲解一系列可以通过主题来分类归纳的相关文化事实时，可以用系列文化讲座的形式来完成。

第二，学生自学或阅读某些具体的文化资料十分困难时，教师可以通过文化讲座解决学生因理解困难造成的误解。

第三，教师向学生介绍文化新领域的某一可叙述或可描述的知识时，可以通过文化讲座让学生掌握总体概况或基本概念。

第四，当教师具备或拥有特殊的教材时可以进行文化讲座，这些特殊教材已为文化讲座的内容和教学铺平道路，教师在教学中实现教学相长，学生也能从教师的特殊教材中获益。

第五，教师在给学生布置有关文化学习的研究任务或者需要解决某一问题之前，而学生又需要掌握基础知识时，可以通过文化讲座来进行传授。

（三）文化欣赏教学策略

文化欣赏教学策略是以班级为单位的教学活动，教师以主持人的身份，组织学生根据预定的计划就某一文化事件或某一文化专题，代表个人或小组向全班做汇报式讲演。

文化欣赏可以采取不同的形式，可以是纳入教学大纲、按序列专题进行的演讲，也可以是总结性的文化欣赏，即在文化专题学习之后，组织汇报演讲，以陈述为主，还可以是即兴的文化欣赏。

在跨文化交际教学中，使用文化欣赏教学策略有很多的优势：

第一，可以增进教学安排的灵活性和学生自主选择专题的主动性。

第二，可以公平分配学生的表现机会和在课堂上所占的时间。

第三，可以增进学生之间的彼此交流和互相学习。

第四，教师也可以从学生的表演中获得新的经验。

在跨文化交际教学中，使用文化欣赏教学策略时需要注意以下两点：

第一，教师不能事先告知学生表演内容，同时要具备灵活应对课堂上会出现问题的能力。

第二，学生要积极配合，同时要具有很强的自主学习能力和很高的积极性。

（四）文化表演教学策略

文化表演教学策略是一种比较常见的教学策略，指的是学生根据教师提供的假设的交际场景，扮演不同的角色，在小组内或大班内汇报演出。一般来说，文化表演适合在小组（2～4人）中进行预演，然后在全班表演。

文化表演的形式主要有以下三种：

第一，依照课本上的对话，做模仿练习，练习对话。这种表演形式比较容易，简短的表演脚本能够为参加表演的学生提供清楚的框架，同时教师也可以允许学生准备提示卡片以减轻他们的心理压力，但学生的交际活动过于公式化和简单化则不利于真正了解目的语文化。

第二，即兴的、简单的、根据教师提供的文化场景临时产生的交际行为。这种表演形式适于新课或完成一个单元的教学之后，有利于培养学生即兴表演的能力。

第三，教师结合前两种活动的特点，给出活动场景，要求学生设计更为复杂的交际脚本，这种表演形式适合于在综合复习阶段使用。

（五）文化合作教学策略

文化合作教学策略是一种以任务为本的教学策略，指的是学生在小组中以合作的方式来完成某项文化活动。在地方高校跨文化交际教学中，使用文化合作教学策略有很多的优势：

第一，有利于学生独立思考能力的培养。

第二，有利于学生按照各自的专长与能力分工合作，发挥个人专长，互相学习。

第三，有利于强化学生对自己学习的责任感和对同学学习进展的关心。

第四，有利于学生及时听到别人的评论和反馈。

在跨文化交际教学中，使用文化合作教学策略时要注意以下几点：

第一，采取这一教学策略要符合教学目的，有适合的教学时机，不能为了使用策略而使用策略。

第二，教师应该在活动前提供示范，解释清楚活动目的、程序和预期结果，使小组成员了解自己要进行的活动。

第三，教师要根据学习任务准备和分发必要的讲义，列出学习指导纲要和活动的要求。

第四，教师应当采用适当的、公平的评估方法来检测学生的学习成果，测验的手段和评分的标准必须能够反映小组合作的成就和小组成员的个人贡献。

（六）文化研究教学策略

文化研究教学策略是一种以研究和调查形式为主的教学策略，有利于调动学生的积极性，帮助学生深刻理解语言和文化的关系。学生做研究的过程中会意识到过去所学知识的重要性，同时也有利于学生听、说、读、写四项语言技能的全面发展。在进行文化研究时，教师要鼓励学生完成这项极具挑战性的学习任务，并适时给予学生有力的指导。

在跨文化交际教学中，文化研究教学策略适用于以下几种情况：

第一，教师期望学生有效地利用课外时间巩固加强其学习语言文化的成果、激励其学习积极性时，可以运用文化研究的形式。

第二，学生学习的文化课题有相当的深度和难度，仅靠以教师为中心的文化讲座无法达到预期目标，采用其他的策略也受到一定程度的限制时，可以运用文化研究的形式。

第三，教师期望学生不仅在跨文化交际技巧方面有所提高，而且在研究技巧、研究方法、互相合作和探索精神等综合能力方面也有所提高时，可以运用文化研究的形式。

第四，学生在学习过程中对某一问题产生了强烈兴趣，并对此产生了截然不同的假设和论点，为了澄清学生的观点，让大家全面了解这一问题时，可以运用文化研究的形式。

参考文献

[1] 安小可 . 跨文化交际 [M]. 重庆：重庆大学出版社，2019.

[2] 周宝玲 . 大学生跨文化交际能力的培养策略研究 [M]. 天津：天津大学出版社，2021.

[3] 刘荣，廖思湄 . 跨文化交际 [M]. 重庆：重庆大学出版社，2015.

[4] 冯丽，崔琦超，王艳宇 . 跨文化外语交际能力培养实践与理论运用 [M]. 长春：吉林出版集团股份有限公司，2022.

[5] 阮桂君 . 跨文化交际 [M]. 武汉：湖北教育出版社，2011.

[6] 陈浪 . 跨文化交际入门 [M]. 武汉：华中师范大学出版社，2022.

[7] 李建军，李贵苍 . 跨文化交际 [M]. 武汉：武汉大学出版社，2011.

[8] 杨晶佩宜，李晓洁 . 汉语国际教育与跨文化交际能力培养研究 [M]. 北京：中国书籍出版社，2023.

[9] 郭姗姗 . 文化"走出去"背景下的大学生跨文化交际能力培养研究 [M]. 北京：北京工业大学出版社，2018.

[10] 刘丹 . 跨文化交际能力构成与评价研究 [M]. 哈尔滨：黑龙江大学出版社，2022.

[11] 蔡颖 . 试论当代大学生跨文化交际能力的培养 [J]. 江苏经贸职业技术学院学报，2023（6）：90-92.

[12] 瞿琴 . 在英语阅读教学中培养学生的跨文化交际能力 [J]. 中学生英语，2023（48）：81-82.

[13] 周燕妮 . 符号学视域下国际化人才跨文化交际能力培养路径研究 [J]. 国际公关，2023（21）：66-68.

[14] 陈亦挺，潘好 . 英语教学中的跨文化能力培养 [J]. 山西财经大学学报，2023，45（S2）：261-263.

[15] 刘鸿 . 新媒体环境下大学生英语跨文化交际能力培养研究 [J]. 齐齐哈尔大学

学报（哲学社会科学版），2023（10）：165-168.

[16] 程诚．基于语言迁移理论培养高职生跨文化交际能力 [J]. 新课程研究，2023
（30）：70-72.

[17] 陈熙．全球化背景下大学生跨文化交际能力提升策略研究 [J]. 湖北开放职业
学院学报，2023，36（9）：40-41，44.

[18] 王建华．大学英语教学中学生跨文化交际能力的培养 [J]. 校园英语，2023
（33）：105-107.

[19] 杨迪．混合式教学模式下英语专业学生跨文化交际能力培养探究 [J]. 现代商
贸工业，2023，44（13）：64-66.

[20] 戴正莉．基于跨文化交际能力培养的大学英语教学模式改革探索 [J]. 现代英
语，2023（11）：5-8.

[21] 王煜萃．跨文化背景下高校国际学生教育管理问题研究 [D]. 徐州：中国矿业
大学，2020.

[22] 朱俊华．留华学生跨文化交际能力培养研究 [D]. 大连：辽宁师范大学，2017.

[23] 李玉娇．游学中跨文化交际能力培养的行动研究 [D]. 哈尔滨：哈尔滨师范大
学，2017.

[24] 张培．大学英语课堂跨文化交际能力培养的研究 [D]. 上海：东华大学，2014.

[25] 孔维娜．语言文化学理论框架下的跨文化交际能力的培养 [D]. 哈尔滨：黑龙
江大学，2014.

[26] 赵芳．"渗透式"跨文化交际能力培养模式研究 [D]. 上海：上海外国语大学，
2014.

[27] 杨洁．关联理论与英语学习者跨文化交际能力的培养 [D]. 重庆：西南大学，
2013.

[28] 王利君．地方高校开展国际理解教育研究 [D]. 济南：山东师范大学，2012.

[29] 傅琪．跨文化交际能力培养的层次性在对外汉语文化教材中的体现 [D]. 北京：
北京大学，2012.

[30] 施怿璇．面向来华留学生的高校教师跨文化素养研究 [D]. 无锡：江南大学，
2022.